지식인의 책무

지식인의 책무

노암 촘스키 지음 | 강주헌 옮김

황소걸음
Slow&Steady

지식인의 책무

펴낸날 | 2005년 7월 15 일 초판 1쇄
지은이 | 노암 촘스키
옮긴이 | 강주헌
만들어 펴낸이 | 정우진 이은숙 강진영 김지영
꾸민이 | Moon&Park(dacida@hanmail.net)
펴낸곳 | 121-856 서울 마포구 신수동 448-6 한국출판협동조합 도서출판 광개토
편집부 | (02) 3272-8863
영업부 | (02) 706-8116
팩　스 | (02) 717-7725
이메일 | bullsbook@hanmail.net
등　록 | 제22-243호(2000년 9월 18일)

황소걸음
Slow&Steady

ISBN 89-89370-39-6 03300

정성을 다해 만든 책입니다. 읽고 주위에 권해주시길…
잘못된 책은 바꿔드립니다. 값은 뒤표지에 있습니다.

머리말

1995년 1월, 나는 마침내 오스트레일리아를 일주일 동안 방문할 수 있었다. 내가 거의 20년 전부터 간절히 바라던 방문이었지만 바쁜 스케줄 때문에 짬을 내지 못해 차일피일 미룰 수밖에 없었다. 이번에 오스트레일리아를 방문한 직접적인 계기는 옛 친구 호세 라모스 오르타(José Ramos-Horta)의 권유였다. 나는 동티모르 구제협회(East Timor Relief Association, ETRA)의 후원으로 동티모르 문제에 대해 강연할 목적으로 오스트레일리아를 방문했다.

동티모르 문제는 과거부터 화급을 다투는 문제였지만 당시에는 오스트레일리아와 인도네시아가 맺은 티모르 해협 조약(Timor Gap Treaty)에 대한 국제사법재판소의 판결을 앞두고 있었고, 몇 달 후인 12월이면 서방세계의 지원을 받아 인도네시아가 동티모르를 침략한 지 20주년이 되는 때였기 때문에 특별한 의미가 있었다. 동티모르 구제협회는 6개월을 예정으로 동티모르 문제를 세계적으로 공론화시킬 계획을 세워두고 있었다. 따라서 나는 그 프로젝트의 개막에 참여할 수 있어 더욱 기뻤다.

다른 기쁜 일들도 이때 있었다. 현 시대에서 가장 중요하면서도 가장 연구되지 않은 분야, 즉 기업 프로파간다의 연구 방법론을 개척한 선구자며 내 오랜 친구 알렉스 케리의 훌륭한 글들이 마침내 빛을 보게 되었다는 것은 무엇보다 반가운 소식이었다. 더구나 뉴사우스 웨일즈 대학 출판사가 그 시론들을 묶어 첫 권을 발간하는 날에 오스트레일리아에 있어 더욱 기뻤다.

오스트레일리아에 머무는 며칠 동안 나는 시드니, 멜버른, 캔버라에서 여러 주제로 강연할 기회를 가졌다. 그 강연을 위해 준비한 자료들에 그후 몇 달 동안 수집한 새로운 자료들을 더해 이 책을 쓰게 되었다. 1장은 시드니의 '작가 센터'에서 가진 강연을 바탕으로 쓴 것이고, 2장은 역시 시드니에서 오스트레일리아 아나키스트들의 모임인 '자유의 비전'을 대상으로 강연한 내용을 보완한 것이다. 끝으로 3장은 뉴사우스 웨일즈 대학교와 디킨 대학교에서 가진 강연에 자료를 보충해서 새롭게 쓴 것이다.

옛 친구들을 만나서 나는 너무나 반가웠다. 그들 중 일부는 편지로만 사귄 친구들이었다. 새 친구들도 많이 만났다. 그들 덕분에 오스트레일리아 방문은 내게 더욱 뜻깊은 일이 될 수 있었다. 특히 동티모르 공동체에서 만난 사람들에게 깊은 감사의 뜻을 전하고 싶다. 빡빡한 일정에도 불구하고 내가 편히 지낼 수 있도록 배려해준 이네스 알메이다, 아지오 페레이라 등 많은 사람들에게 감사하다는 말조차 하기가 미안할 지경이다. 또 피터 슬레자크, 피터 크로나우, 스코트 버칠, 피터 맥그리거, 윌슨 다 실바 등 옛 친구와 새 친구에게도 큰 빚을 진 기분이다. 더구나 이 책에 실린 글들을 정리해서 출간까지 도맡아 처리해준 피터 크로나우에게는 감사하다는 말밖에 달리 할 말이 없다. 오스트레일리아 방문 일정을 관리해준 세우 브라이츠, 베닐데 브라이츠, 그리고 아리안 러머리에게도 감사의 말을 전하고 싶다. 끝으로 글과 행동으로 내게 영감과 깨달음을 주었던 호세 라모스 오르타, 셜리 새클턴, 짐 던, 스티븐 랭포드, 켄 프라이, 브라이언 투헤이, 미셸 터너, 패트 월시, 톰 우렌 등을 다시 만난 것도 큰 즐거움이었다. 어쩌면 마지막 만남이 될 사람들도 있었으니까.

요즘은 소수의 특권층을 제외하면 거의 모든 사람들에게 즐거운 시대가 아니다. 하지만 희망의 시대, 낙관의 시대로 바꿔가야만 한다. 나는 인간의 본성과 권력에 대한 깊은 이해를 바탕으로 이 책을 썼다. 이 책이 언젠가부터 추악한 얼굴로 변해버린 민주주의를 올바른 방향으로 되돌리고, 기본적인 인권마저 무시되는 현실을 뒤바꿔야 할 절박한 필요성,

그리고 정직한 사람들이 살고 싶어하는 새로운 사회를 건설하기 위해서 끊임없이 앞으로 전진해야 할 필요성을 인식하는 사람들에게 용기를 북돋워줄 수 있기를 바란다.

매사추세츠 케임브리지에서

노암 촘스키

옮긴이의 글

'촘스키의 글이 이제는 식상할 때도 됐는데…' 라는 생각으로 이 책을 번역하기 시작했다. 하지만 촘스키의 글은 읽을 때마다 언제나 새로운 각성을 안겨준다는 사실을 새삼스레 다시 깨닫는 계기가 되었다. 더구나 이번 책은 '지식인의 책무는 무엇인가?' 라는 데 초점을 맞추고 있기 때문이다.

촘스키는 1967년 드와이트 맥도널드(Dwight MacDonald)의 『사람들의 책임(The Responsibility of Peoples and Other Essays in Political Criticism)』이란 시론집의 서평을 '뉴욕 타임스' 북 리뷰에 게재했다. 그 서평의 제목이 행동주의자로서 촘스키라는 이름을 널리 알리는 계기가 된 '지식인의 책무(The Responsibility of Intellectuals)' 였다. 이 글에서 베트남 전쟁을 빗대어 지식인들의 비양심적 자세를 고발했다. 그로부터 거의 30년이 지난 1995년, 촘스키는 오스트레일리아 시드니에서

글로 먹고사는 사람들을 상대로 '글 쓰는 사람과 지적인 책
임(Writers and Intellectual Responsibility)'(이 책에서는 『지식인의 책
무』라 번역했다)이란 제목으로 강연했다. 이번에는 냉전 종식 이
후, 그리고 동티모르 사건을 빗대어 지식인들의 이중적인 잣
대를 나무랐다. 촘스키는 언제나 그렇듯이 신문의 기사를 비
판의 근거로 삼는다. 그것만큼 중요한 증거가 없다고 생각하
기 때문이다. 따라서 여기에서 지식인은 기자만이 아니다. 신
문에 글을 기고하는 평론가, 이른바 전문가들까지 포함된다.

촘스키는 흔히 좌파적 인물로 평가된다. 촘스키 자신도 그
런 평가를 적극적으로 부인하지 않는다. 흔히 세상 사람들이
말하는 좌파가 아니라 진정한 좌파이기 때문이리라. 촘스키
는 권력층에는 좌파도 없고 우파도 없다고 단언한다. 고개가
끄덕여진다. 권력 집단에게 민중은 없다. 민중을 위한다고
말하지만 그들의 이익이 우선이다. 여기에서 권력을 향해 해
바라기처럼 움직이는 사람들이 가세한다. 민중은 그렇게 세
뇌되어간다.

촘스키는 보수주의를 욕하지 않는다. 진정한 보수주의를
왜곡시키는 우파적 인물들을 비난한다. 촘스키는 좌파적 인
물들을 욕하지 않는다. 좌파적 인물인 척하면서 언젠가는 권
력 집단의 일부가 되려는 가짜 좌파를 비난한다. 촘스키는
이데올로기를 떠나서 오로지 진실을 알고 싶어하고, 그 진실
을 우리에게 전해주려 애쓴다. 이런 지식인이 있어 다행이

다. 틀린 것은 틀렸다고 말할 수 있는 지식인이 있어 다행이
다. 바다 멀리 있지만 어느 쪽으로도 흔들리지 않고, 조그만
편견도 갖지 않고, 오직 진실만을 추구하는 지식인이 우리
땅에는 있을까?

제2차 세계대전이 끝나고, 강제수용소의 독일 경리장교가
러시아군의 포로가 되었다. 맥도널드는 그와 인터뷰할 기회
를 얻었다. 그는 러시아군이 그를 죽이려 한다는 말에 울음
을 터뜨리며 "그들이 왜 나를 죽입니까? 내가 뭘 했다고요?"
라고 소리쳤다. 우리는 그를 비난할 자격이 있을까? 맥도널
드는 "정부가 도덕률과 배치되는 행동을 할 때 정부에 기꺼
이 저항하는 사람들이 그 경리장교를 비난할 자격을 갖는다"
고 말했다. 이쯤에서 우리도 '나는 무엇을 했는가?' 라고 물
어야 한다.

진실이 지배하는 세계가 가능할까? 촘스키는 우리 힘으로
이뤄낼 수 있다고 장담한다. 인간의 역사에서 그런 예가 있
었다는 사실을 찾아내서 우리에게 희망을 준다. 그렇게 하기
위해서는 우리가 눈을 크게 뜨고 진실을 보려고 애써야 하
고, 진실을 찾기 위해서는 부지런해야 한다고 우리를 다그친
다. 그것이 우리가 해야 할 일이다.

충주에서
강주헌

차 례

1.
지식인의 책무 ㅣ 013

2.
목표와 비전 ㅣ 045

3.
새로운 세계 질서에서 민주주의와 시장 ㅣ 097

1.
지식인의
책무

Writers
and
Intellectual
Responsibility

자주 제기되는 문제지만, 솔직히 말해서 질문을 받을 때마다 나 자신도 뭐라 답변하기 곤혹스러운 문제가 있다. 나 역시도 그 질문에 대해서는 뻔한 소리 이외 별달리 할 말이 없다는 점을 미리 말해두고 싶다. 그럼에도 불구하고 내가 독자들에게 이 문제들에 대해 말할 수밖에 없는 이유는, 그런 뻔한 소리조차 부인되기 일쑤라는 점 때문이다. 그것도 말만이 아니라 실제 현실에서도 말이다.

질문들은 다양한 분야에서 다양한 형태로 제기된다. 그런대로 진지하게 대답해볼 수 있는 질문도 있지만 당황해서 질문자를 빤히 쳐다볼 수밖에 없는 질문도 있다. 또 학계에서 끊임없이 연구 과제로 삼을 만큼 아주 어려운 질문이 있는 반면, 한 문장으로 간단히 대답할 수 있을 만큼 쉬운 질문도 있다. 이처럼 때로는 어렵게 때로는 쉽게 제시되는 질문들이 복잡하고 골치 아픈 질문들이다. 여기에서 내가 다루려는 주제도 이런 질문들 중 하나다. 적어도 내게는 그렇다.

어떤 면에서 '지식인의 책무는 무엇인가?'라는 질문에 "지식인의 책무는 진실을 말하는 것이다!"라고 간단하게 대답할 수 있다. 논의를 계속하기 전에 미리 말해두자면 나는 여기에서 '지식인의 책무'를 좁은 의미로 해석하려 한다. 달리 말하면 미학적 차원 등 많은 부분은 논외로 할 것이다.

일반적인 관점에서는 이렇게 쉽게 대답할 수 있지만 여기에 수식어가 더해지면 상당히 복잡해진다. 예를 들어 몇 가지 수식어를 더해서 지식인의 책무를 정의해보면 대략 다음과 같다. '중요한' 문제에 대해서 '적합한 대중'에게 '가능한 범위 내에서' 진실을 찾아내 알리는 것이 지식인에게 주어진 도덕적 과제다. 이렇게 수식어가 더해지고 수식어의 의미까지 자세히 따지려 한다면 질문이 더 어려워지고, 급기야 대답할 수 없는 지경에 이르는 경우도 없지 않다.

진실을 찾아내 알려야 한다는 책무에 대해서는 왈가왈부할 것이 별로 없다. 다만 그 책무를 다하기가 어렵고, 특히 약점을 지닌 사람은 개인적으로 큰 희생을 감수해야 할 경우도 있다. 아주 자유로운 사회에서도 지식인에게는 이런 책무가 뒤따르지만, 자유가 억압받는 사회에서 그 책무에 따른 희생은 실로 엄청날 수 있다.

'중요한' 문제부터 따져보자. 무엇이 중요한 문제일까? 중요한 문제가 무엇인지 결정하는 데는 많은 요인이 있다. 어떤 질문들은 지적 호기심을 자극하기 때문에 중요하게 여겨진다. 요즘 들어 잘 팔리는 책에서 번질나게 제기하는 질문은 '두뇌 과학은 의식을 비롯해 정신 세계의 현상들에 대해 우리에게 중요한 것을 밝혀줄 수 있을까?'라는 것이다. 하지만 이런 질문은 우리가 여기에서 다루고자 하는 바가 아니다. 우리가 관심을 두는 것은 특히 인간의 삶에서 흔히 있을 수 있는 현상과 관계 있는 도덕적 차원의 것이다.

도덕적 행위자로서 지식인이 갖는 책무는 '인간사에 중대한 의미를 갖는 문제'에 대한 진실을 '그 문제에 대해 뭔가를 해낼 수 있는 대중'에게 알리려고 노력하는 것이다. 이런 정의는 도덕적 행위자라면 당연히 해야 할 노릇이기 때문에 동어반복일 수 있다. 그런데 안타깝게도 이 뻔한 소리가 제대로 지켜지지 않아 문제다. 그 이유는 간단하다. 우리가 속한 지식인 계급의 기본적인 실천 원리가 이 기초적인 도덕률조차 거부하기 때문이다. 그것도 입에 거품을 물고 말이다. 이런 점에서, 기본적인 실천 원리로 현실을 평가할 때 우리는 역사적으로 끝없는 나락에 떨어졌을지도 모른다.

나는 이런 달갑지 않은 가능성을 진단해보겠지만 그 목적은 내 마음속에 품고 있는 생각을 설명하고, 나를 이곳 오스트레일리아까지 날아오게 만든 문제를 되짚어보기 위한 것일 뿐이다. 오스트레일리아 방문은 오래 전부터 계획된 것이었지만 결정적 계기는 동티모르 사태에 대해 강연해달라는 요청이 있었기 때문이다.

나는 1978년 유엔에서 동티모르 문제를 증언했다. 그 증언은 자유주의를 옹호하는 우익 잡지 『인콰이어리(Inquiry)』에 게재되었다. 나는 그 증언을 끝내면서, 치밀하게 계획적으로 묵과되고 있지만 결코 무심히 넘어갈 수 없는 한 가지 사실을 지적했다. 그것은 당시 심각한 만행이 두 번이나 자행되었다는 사실이다. 그것도 같은 지역에서 거의 같은 성격과 규모로! 바로 캄보디아와 동티모르였다. 물론 두 곳에서 자행된 잔혹 행위가 여러 점에서 달랐지만, 그런 점들은 우리가 다루려는 주제와 별 상관이 없다. 쉽게 승낙할 수 있으며, 약간의 합리성과 성실함을 가진 사람이라면 결코 이의를 제기하지 않을 사실들을 지적해보자.

크메르 루즈의 잔혹 행위부터 시작해보자.

1. 인륜을 저버린 범죄였다.

2. 그 원인이 대외적인 적에게 있었다.

3. 이데올로기적으로 악용되었다. 달리 말하면 미국이 25년 동안 인도차이나 반도에서 저지른 범죄를 정당화시키는 핑곗거리가 되었다. 또 크메르 루즈의 잔혹 행위는 두 가지 목적에서 이용되었다. 즉, 미국의 편을 재구축

하고 장래의 잔혹 행위를 정당화시키는 무기로 활용했다. 따라서 '제2의 폴 포트'를 막기 위해 고문하고 학살해야 한다는 대외 정책이 수립되었다.

4. 크메르 루즈의 범죄를 종식시키기 위한 제안은 말할 것도 없고, 그 범죄를 진정시키기 위한 제안조차 없었다.

5. 크메르 루즈의 학살 행위에 대한 분노의 목소리가 사방에서 빗발쳤다. 다른 지역의 기준에 비춰보면 지나친 면이 없지 않았다. 스탈린조차 질겁할 정도로 기만적인 기록까지 제시되었다. 조금도 과장된 이야기가 아니다. 조작은 그후로도 수정되지 않았다. 유치하고 모호한 속임수였지만 이런 과장된 폭로에 대한 찬사가 뒤따랐다. 반면에 진실을 밝히려는 작은 목소리는 신경질적 반응을 불러일으키며 새로운 속임수를 낳았다.

6. 크메르 루즈의 잔혹 행위는 악의 상징이 되었다. 히틀러와 스탈린의 만행과 동일선상에 놓이며 20세기의 비극으로 기록되었다.

이번에는 동티모르에서 일어난 잔혹 행위를 크메르 루즈의 잔혹 행위와 하나씩 비교해보자.

1. 역시 인륜을 저버린 범죄였다. 하지만 침략 과정에서 일어난 범죄, 즉 전쟁 범죄였다. 따라서 국제법의 소관 사

항이다.

2. 잔혹 행위의 책임은 워싱턴과 그 우방국에 있다.

3. 책임 소재를 감안하면 이데올로기적인 문제가 아니었다.

4. 책임 소재를 감안하면 동티모르의 잔혹 행위는 언제라도 쉽게 종식시킬 수 있었다. 보스니아, 르완다, 체체니아의 경우와 달랐다. 군대를 파견할 필요도 없었고, 자카르타를 폭격할 이유도 없었다. 제재를 가하거나 경고를 보낼 필요도 없었다. 참견하지 않으면 그만이었다.

5. 전 세계가 주시하고 있었지만 미국에 국한하면 반응은 거의 완전한 침묵이었다. 이미 밝혀졌듯이 국무부와 인도네시아 장성들은 거짓말로 일관했다. 크메르 루즈의 학살과는 정반대였지만 이번의 기만책도 스딸린을 탄복시킬 정도였다.

6. 서방세계의 지원을 받은 범죄는 악의 상징이 아니다. 따라서 우리 역사에 어떤 오점도 남기지 않았다.

패턴이 놀라울 정도로 유사하다. 이런 패턴을 찾아 분명한 결론을 끌어내는 특별한 재능이 필요한 것은 아니다. 그런데도 지식인들은 이런 패턴을 찾아내지 못한 특별한 재능을 과시했다. 하여간 이런 감동적인 성공을 거두는 데는 우리 교육 시스템이 일조한 듯하다.

5번과 6번에 대해서는 좀더 자세히 살펴볼 필요가 있다.

사실 내가 동티모르 문제를 본격적으로 다룬 첫 글은 미국에서 발표되었다. 기억이 확실치는 않지만 캐나다였는지도 모르겠다. 하여간 3년간의 대학살, 홀로코스트 이후 최악의 학살 사건이 있는 후에야 나는 두 번째 글에서 이 문제를 포괄적으로 다룰 수 있었다. 주로 미국 납세자들의 돈으로 자행된 학살이었다. 그러나 잔혹 행위가 극에 달하고 잔인무도한 공격에 무기마저 떨어져 인도네시아로 무기를 공수하라고 재촉하던 사람의 표현대로 "인권이 우리 외교 정책의 영혼"이라 주장하며 워싱턴과 지식인들은 자화자찬에 젖어 있었다. 이런 학살은 침묵으로 은폐되었지만 공공연한 사실이었다. 그 해(1978년) 인도네시아를 침공하기 직전에도 미국과 캐나다의 언론들은 이 문제를 전혀 언급하지 않았다.

그때 자행된 학살, 그리고 뉴욕 타임스의 표현대로 '인도네시아의 수치스런 짓'은 나중에야 인정되었다. 그러나 '미국의 수치스런 짓'에 대한 언급은 없었다. 우리는 문명의 기준을 무시한 사람들의 바람직하지 못한 행동을 면밀하게 지적하지 못했고, 미국 정부가 군사적·외교적 지원을 아끼지 않은 행위를 중단시키지도 못했다. 당시 우리는 다른 곳에 신경을 곤두세우고 있었기 때문에 이런 실수를 저질렀다고 변명할 수는 있다. 우리도 그 잔혹 행위들을 무심코 넘겨버렸지만 그 잔혹 행위들은 한 지도자에게도 불명예스런 실수였고, 뉴욕 타임스 아시아 특파원의 표현에 따르면 그의 인권 보호 기록에 '오점'을 남겼다. '크리스천 사이언스 모니터'에 따르면 그는 '심성적으로 인자한 온건주의자'였지만, 동티모르에서 '군부가 폭력과 고문을 자행했다고 고발한 게릴라측 프로파간디스트들'(『이코노미스트』)에 의해 부당하게 비난당했다.

동티모르에서 계속 자행되던 잔혹 행위에 마침내 눈을 돌리기는 했지만 예전의 역사까지 거론하는 지식인은 없었다. 우리의 계획적이고 분명한 역할에 따른 책무를 잊는 데 급급했을 뿐이다. 가장 대표적인 예가 1965년 '인도네시아 온건주의자들'이 주도한 대학살을 미화시킨 사건이다. 뉴욕 타임스의 편집진은 인도네시아의 살육자들을 '온건주의자'로 표현하면서 다른 언론인들과 마찬가지로 '격렬한 유혈극'(『타임』)을 다룬 뉴스에 기꺼이 동참했다. 심지어 뉴욕 타임스의 한 기고가는 편집진의 뜻에 맞춰 대량 학살을 '아시아에서 빛난 섬광'이라 표현했다. 명망 있는 해설가들은 워싱턴이 온건주의자들의 업적에 커다란 역할을 했지만 그 공을 내세우지 않고 자세를 낮춘다는 이유로 찬사를 보냈다. 뉴욕 타임스 편집진의 지적대로 그런 자세는 현명한 판단이었다. '쌀과 목화와 기계류로 넉넉한 선물'을 제공하고 유보 상태에 있던 원조를 대량 학살로 문제를 바로잡기 전에 재개하는 정책을 취하는 것은 괜찮지만, 미국 정부가 지나치게 공을 내세우면 인도네시아의 새 지도부에게 타격을 줄 수 있었기 때문이다.

동티모르 사건은 우리의 실제 기준에 대해 많은 것을 말해 주지만 기억의 블랙홀에 깊이 묻혀버리고 말았다. 나는 이 사건을 최근에 『501년』에서 자세히 다뤘다. 글이 믿음을 얻으려면 읽혀야 하는 법이다. 그러나 지식인들이 걱정할 이유는 없다. 이 사건은 영원히 미궁에 빠져 있을 테니까.

세계 정치에 조금이라도 관심이 있는 사람이라면 알겠지만, 캄보디아와 동티모르의 경우와 정확히 일치하는 다른 예를 약간의 시대 차이만 있을 뿐 동일한 곳에서 찾을 수 있다. 즉 '대량 학살의 10년'의 전반기와 후반기다. 유일하게 독립적인 정부조사단(핀란드)이 1969년부터 1979년까지를 '대량 학살의 10년'이라 지적했던 이 문제는 역사의 문턱조차 넘지 못한 채 역사에서 지워지고 말았지만 서구 문명의 진면목에 대해 우리에게 많은 것을 말해준다.

나는 지금껏 표면으로 드러난 사실만을 다뤘을 뿐이다. 진실은 더 참혹하다. 따라서 우리는 진실이 역사의 어떤 쪽에 쓰여 있는지 알아야만 한다. 게다가 그런 예들이 예외적인 현상은 아니다. 드물게 일어나는 현상은 더더욱 아니다. 지금 이 순간에도 그런 일이 벌어지고 있다. 세계지도를 펴놓고 아무 곳이나 골라봐라. 그런 예를 어렵지 않게 찾아낼 수 있을 것이다. 예컨대 라틴 아메리카의 경우를 보자. 이곳은 전통적으로 미국의 절대적인 영향력 아래 있어, 현 세계를 지배하는 가치의 척도를 이해하는 데 안성맞춤인 곳이다. 미국 군사원조의 절반이 콜롬비아에 집중되어 있으며, 클린턴 정부에서 더욱 증가하는 추세다. 그런데 콜롬비아는 남반구에서 최악의 인권 탄압 국가다. 미국의 군사 원조와 훈련에서 가장 큰 혜택을 누리는 집단들이 저지르는 잔혹 행위를 인권감시단과 교회 등이 끊임없이 고발하고 있다. 그 잔혹상이 섬뜩할 정도다. 그러나 이런 사실은 거의 보도되지 않는다. 소규모 연대 조직과 반체제적 출판물을 제외하면 콜롬비아에서 자행되는 잔혹 행위는 실질적으로 전혀 언급되지 않는다. 검열을 통해 전해지는 이야기들은 마약과의 전쟁 등에 대한 동화 같은 이야기다. 인권 단체를 비롯해 진실을 아는 소식통은 이런 미담을 터무니없는 이야기라 일축하지만 언론계는 사실인 양 진지한 목소리로 다룬다.

이런 행태가 서방세계의 표준이란 사실은 명약관화하다. 수천 쪽에 달하는 자료를 면밀히 검토하면 어렵지 않게 그 증거를 찾을 수 있지만 그 자료들은 곧잘 무시된다. 그런 자료가 눈에 띄어도 '근거 없는 비난' '상투적인 흠집 내기' '음모론' '반미(反美)' '전체주의국가에서 차용한 흥미로운 어휘'라 평가하면서 싸늘한 냉소로 일축해버린다. 그리고 냉정한 분석의 위험을 피하고, 충직한 국민들이 그런 부적절한 사실을 접하지 못하도록 하는 수단들까지 더해진다.

교조적 순수성을 옹호하는 현대 지식인들을 중세의 사상가들, 정확히 말해서 이단의 교리를 진지하게 받아들여 신중한 논증으로 대적할 필요성을 절감하던 중세 사상가들과 비교해보는 것도 흥미롭다. 냉정하게 분석해보면 오늘날의 지식인에게는 성실함이 절대적으로 부족하다. 이런 사실은 심각하게 생각해볼 가치가 있다. 부인할 수 없는 사실이기 때문이다.

지금까지 언급한 사례들을 근거로 뻔한 소리를 해보면, "서구 지식인들의 책무는 '서방세계의 수치스런 짓'에 대한 진실을 서방세계의 대중에게 알려서, 대중이 범죄 행위를 신속하고 효과적으로 종식시킬 수 있도록 하는 것이다". 간결하고 군더더기가 없어서 다른 뜻으로 해석될 수 없는 정의다. 지식인들이 크메르 루즈의 잔혹 행위를 고발하기는 했다. 그들이 진실을 지키려고 노력했다는 점은 가상하다. 하지만 그 잔혹 행위를 중단시키기 위해서 무엇을 해야 한다는 제안은 없었다. 누구도 그런 제안을 하지 않았다. 따라서 이런 고발의 가치와 중요성은 제한적일 수밖에 없다. 이런 식으로는 칭기즈 칸이라도 고발할 수 있다. 하지만 이런 고발은 도덕적 차원에서 큰 가치를 갖지 못한다.

게다가 실제의 행동은 거의 언제나 정반대로 나타났다. 이런 현상은 지금도 마찬가지다. 따라서 우리가 알고자 한다면 지식인의 진짜 얼굴을 밝혀내는 것은 그다지 어려운 일이 아니다.

이번에는 '대중'이란 부분을 자세히 살펴보자. 대중에게 진실을 알리려면 올바로 선택된 대중에게 진실을 알려야 한다. 대중에게 진실을 알리는 이유는 교화(敎化)의 목적도 있지만 일차적인 목표는 인간적 의미를 갖는 행동을 촉구하기 위함이다. 그래야 세상의 고통과 슬픔을 줄여갈 수 있기 때문이다. 뻔한 소리로 들리겠지만 이때 근본적인 쟁점에서는 의견을 같이하는 사람들 사이에도 의견이 다르다.

내가 직접 경험한 일을 예로 들어보자. 나는 오래 전부터 반전 운동 단체들과 밀접한 관계를 맺어왔다. 그들과 함께 시위에 참여했고, 반전 교육 프로그램을 개발하기도 했다. 덕분에 우리는 유치장에서 며칠을 함께 보낸 적도 있었다. 그런데 반전 단체들은 그리 오래 명맥을 유지하지 못했다. 우리가 30년 전에 예상한 현상이기도 했다. 어쨌든 동일한 목적은 충성심과 우애를 다져주지만 세세한 문제에서는 의견 충돌이 있게 마련이다. 실제로 내 퀘이커 교도 친구들과 동료들은 불법행위를 저지른 기관들을 고발하면서 '권력자들에게 진실을 말하자!'라는 구호를 택했다. 하지만 나는 그런 구호를 강력히 반대했다. 대중이 완전히 잘못 알고 있다는 판단 때문이었다. 그런 노력은 일종의 자기만족에 불과했다. 헨리 키신저, 제너럴 모터스의 최고경영자 등 고압적인 기관에서 권력을 주무르는 사람들에게 진실을 말하는 것은 시간 낭비다. 무의미한 노력이다. 그들은 진실이 무엇인지 잘 알고 있기 때문이다.

자격이 문제인 셈이다. 물론 그런 사람들이 각자가 속한 기관의 이익을 초월해서 도덕적 행위자가 된다면 다른 사람들과 하나가 될 수 있다. 그러나 제도적 기관이 그들에게 부여한 역할에서, 권력을 휘두르는 사람인 까닭에 그들에게 탄원한다고 달라질 것은 없다. 그들은 전제군주나 범죄자와 다를 바가 없다. 전제군주나 범죄자도 우리와 똑같은 인간이지만 무자비하게 행동하지 않는가.

권력자들에게 진실을 말한다고 특별히 명예로울 것도 없다. 그들을 상대할 바에는 실질적인 역할을 해줄 대중을 찾는 것이 낫다. 게다가 그런 대중은 단순한 대중이 아니라, 사람들이 건설적인 정신으로 참여하고 싶어하는 공동의 관심사를 지닌 공동체다. 그들에게 일방적으로 말해서는 안 된다. 그들과 머리를 맞대고 생각을 나눠야 한다. 이런 자세는 좋은 교사라면 누구나 갖고 있는 제2의 천성이며, 지식인에게 반드시 필요한 자질이기도 하다.

이쯤 되면 대중의 선택이란 문제도 결코 간단하지 않다는 사실을 알았을 것이다.

이제 이번 논의에서 가장 어려우면서도 핵심적인 면을 살펴보자. 즉, 중요한 사건에서 진실을 찾아 그대로 말한다는 뜻은 무엇일까? 이렇게 하는 것은 지식인의 당연한 의무처럼 여겨지지만 실제로는 그렇지 못하다. 적어도 미국을 비롯해 일부 문화권에서는 그렇다. 그러나 서구 지식인들은 이런 의무를 거의 완벽하게 이해하고 있어, 적어도 한 경우에는 기본적 도덕률을 가차없이 적용한 적이 있다. 바로 냉전시대에 공식적인 적이던 스탈린 체제하의 러시아였다.

소련에서 지식인의 책무는 권력 집단이 내세우는 가치 체계를 옹호하면서 권력 이익을 뒷받침하는 것이었다. 또 권력 집단이 적으로 설정한 집단이나 국가가 획책하는 행위나 주장을 중대한 위협으로 기록하는 반면에 권력 집단과 그 하수인들의 범죄는 은폐하고 미화시키는 것도 지식인의 책무다. 이런 책임을 충실하게 이행한 러시아 지식인들은 칭찬받고 공경받았다. 그러나 권력 집단의 이런 요구를 거부한 지식인들은 다른 식으로 다뤄졌다.

그런데 서방세계에서는 그들에 대한 평가가 완전히 뒤바뀌었다. 그들에게 주어진 책무를 충실히 이행한 러시아 지식인들은 경멸의 대상이 되었고, 정치위원(역주 : 권력에 빌붙은 정치인과 지식인을 총괄하는 뜻으로 쓰였다)이나 기관원으로 여겨졌다. 하지만 그런 요구를 거부한 러시아 지식인들은 반체제인사, 즉 중요한 사안에게 대해 진리를 말하려고 노력한 사람들로 존경받았다. 그들은 서방세계의 범죄를 비난하지 않았다. 심지어 그런 범죄를 부인하기도 했다. 이런 반항적 행동에 정치위원들은 분노했지만 반체제 인사들에게는 그런 사안이 주된 관심사가 아니었다. 이런 차이는 당연한 것이었다. 따라서 어떤 논쟁거리도 아니었다.

정치위원과 반체제 인사의 이런 차이는 역사의 기원까지 거슬러 올라간다. 플라톤의 『대화』에서도 볼 수 있고, 성경에서도 이런 차이는 극명하게 찾을 수 있다. 그 시대에 존경받고 대우받은 지식인들은 몇 세기가 흐른 후에는 거짓 선지자, 쉽게 말해서 간신(奸臣)으로 평가되어 경멸의 대상이 되었다. 반면에 많은 시간이 지난 후에 진정한 예언자로 존경받는 지식인들은 당대에는 상당히 다른 대우를 받았다. 그들은 지정학적 분석에서 윤리적 가치에 이르기까지 중요한 사안에 대해 진실을 말했다. 그 대가로 정직과 성실이란 죄를 범한 사람들에게는 전혀 어울리지 않는 처벌을 감수해야 했다.

처벌의 방식과 무게는 사회의 성격에 따라 다르다. 브레주네프 시대의 러시아에서는 추방이나 제명이었다. 미국의 전형적인 속국 엘살바도르에서 반체제 인사는 혹독한 고문을 당한 뒤에 사지가 절단되어 도랑에 버려졌고, 그 참모들은 미국이 훈련시킨 정예 부대원들에게 목숨을 잃었다. 미국의 한 흑인 거주지역에서 최근에 확인된 처벌 방식은 추악하기 이를 데 없었다. 정치경찰의 협력을 얻어 흑인 사회운동가 두 명이 암살당했다. 이른바 게슈타포 스타일의 암살이었다. 이런 사실이 알려지자 당국은 부인하지 않았다. 그러나 암살된 사람이 흑인인 까닭에 우려할 만한 사건으로 여겨지지 않았다. 우리가 세계 곳곳에서 묵인하고 지원하며, 감독하거나 직접 실행하는 끝없는 잔혹 행위와 같은 범주로 해석된 것이다. 아직 분명하지는 않지만 이런 해석의 타당성을 증명하기란 그다지 어렵지 않다. 한마디로 우리 사회를 지배하는 가치관에 대해 많은 것을 말해주는 암살이었다.

적국에서, 혹은 먼 과거에서 정치위원과 반체제 인사를 구분하기란 별로 어렵지 않다. 그러나 우리 자신을 돌아보면서 도덕적 차원에서 중요한 진실을 따지기 시작하면 평가가 다시 뒤집어진다. 달리 말하면 정치위원이 존경받고 반체제 인사는 간악하다고 손가락질 받는 보편적 패턴으로 되돌아온다. 이런 패턴은 너무나 자명한 것이어서 구태여 증명할 필요가 없을 지경이다.

우리에게 주어진 책무가 적을 때 우리가 쉽게 적용하는 원칙들은 거의 공리(公理)에 가깝다. 하지만 이런 원칙들이 당연한 듯이, 심지어 무도하게 부인되기 때문에 나는 논쟁의 여지가 없는 경우를 예로 들면서 그 원칙들을 되짚어보고 싶다.

1. 소련의 지식인들이 미국의 범죄에 대해 진실을 말했지만 그들은 우리에게 찬사를 받지 못했다. 우리가 칭찬해야 할 사람들, 즉 정치위원들은 우리 주변에도 넘쳐흐른다. 소련의 지식인들에게는 더 중요한 일들이 있었다. 폴란드와 체코슬로바키아에서 소련이 저지른 범죄 행위는 가청권 안에 있었지만 미국이 중앙아메리카에서 저

지른 범죄 행위는 가청권 밖에 있었다. 게다가 소련 지식인들의 우선적인 책무는 전자의 잔혹 행위에 관심을 두는 것이었다. 따라서 러시아 세력권 밖에서 일어난 더 잔혹한 범죄 행위는 배제될 수밖에 없었다.

2. 소련의 어떤 지식인이 미국의 범죄를 과장하거나 조작했다면 그는 경멸의 대상이 되었을 것이다.

3. 소련의 어떤 지식인이 미국의 범죄를 모른 체했다 해도 중대한 일은 아니었다. 반체제 인사들이 미국의 잔혹행위에 대한 논평을 거부했다 해도 그들을 향한 우리 존경심은 조금도 줄어들지 않았다.

4. 소련의 지식인들이 미국의 범죄를 부인하거나 축소했다 해도 큰 문제는 아니었다. 아무런 의미조차 부여받지 못했다. 그들의 책무는 국내에 한정되었다.

5. 소련의 지식인들이 소련의 범죄를 모른 체하거나 합리화시켰다면 그 행위는 범죄로 여겨졌다.

미국의 러시아 연구소들이 정부의 지원을 받아 시행한 연구 결과를 그대로 믿는다면, 소련의 지식인들이 서방세계의 범죄 행위를 몰랐던 것은 아니다. 실제로 그 연구 결과에 따르면, 1979년에 중산층의 96%, 블루칼라 노동자의 76%가 라디오를 통해 해외 방송을 듣고 있었다. 약간의 왜곡이 없지는 않았겠지만 미국의 범죄 행위를 비난하기에 충분한 정보가 소련의 지식인들에게 전해지고 있었던 것은 사실이다. 그러나 소련의 지식인들은 미국의 잔혹 행위를 비난하지 않았고, 그런 무반응은 거의 문제가 되지 않았다.

이런 원칙들은 서방세계에도 거의 그대로 적용된다. 소련의 경우와 비교해 하나씩 따져보자.

1. 서방세계의 지식인들이 소련, 폴 포트, 사담 후세인(1990년 8월 미국의 적으로 규정된 이후)에 대해 진실을 말하는 것은 당연한 일이다. 따라서 도덕적 명망까지 얻을 일은 아니다.
2. 그들이 그런 범죄 행위를 과장하거나 조작한다면 경멸의 대상이 된다.
3. 그들이 그런 범죄 행위를 모른 체하더라도 중대한 문제는 아니다.
4. 그들이 그런 범죄 행위를 부인하거나 축소하더라도 큰 문제는 아니다. 사소한 문제일 뿐이다.
5. 그들이 자국이 연루된 범죄 행위를 모른 체하거나 합리화시킨다면 그 행위는 범죄나 다름없다.

상당히 논리적인 듯하다. 하지만 나는 이런 식의 해석을 지지하지 않는다. 적어도 서방세계 지식인들에 대해서는 조건 3과 4를 인정하지 않았고, 이런 자세를 가증스럽게 생각해왔다. 그런데 특별한 책임에는 특권이 따른다는 논리로 이런 명백한 불합리가 당연시되는 듯하다. 이런 해석은 심도 있는 논의가 필요하다. 하지만 다른 조건들에 대해서는 수긍할 수 있다. 물론 조건 5가 가장 중요하다는 점은 새삼스레 지적할 필요도 없을 것이다.

이런 논리는 앞에서 언급된 사례들만이 아니라 요즘에 문제시되는 사건들에도 폭넓게 적용된다. 다음과 같은 상상을 해보자. 가령 소련이 아프가니스탄에서 철수한 후에도 일관된 입장을 견지했다고 가정해보자. 그리고 승리를 거둔 아프가니스탄 저항군, 특히 미국을 등에 업은 이슬람 근본주의자, 굴부딘 헤크마티아르(Gulbuddin Hekmatyar)가 이끈 저항군의 잔혹 행위를 소련의 일부 지식인들이 맹렬하게 비난했다고 가정해보자. 헤크마티아르가 소련의 침공에 저항해서 소련군을 아프가니스탄에서 몰아냈지만 그에게 동조한 지식인은 거의 없었을 것이다. 그러나 그가 아무런 저항도 하지 않았다면 그의 행동은 손가락질 받았을 것이다. 이번에는 아프가니스탄 침공을 미국과 협상하겠다는 신호이자 그동안 치른 희생에 대한 불만의 표출로 해석하면서 비판적으로 지지하던 일부 언론이 아프가니스탄 전쟁에 줄곧 반대해온 미국에게 헤크마티아르의 잔혹 행위를 이유로 입장을 재고할 것인지 묻는다고 가정해보자. 우연이겠지만 1978년 미국의 잡지 『디센트(Dissent)』가 주최한 심포지엄에서 '베트남' 대신

'아프가니스탄'을 넣으면 그 답을 충분히 찾을 수 있을 듯하다. 끝으로 소련의 지식인이 소련의 테러에서 피신한 아프가니스탄 난민들의 운명은 도외시한 채 헤크마티아르의 학살에서 탈출해 소련군을 지원하는 단체를 결성, 소련군이 고국으로 무사히 돌아가도록 도와준 난민들에게만 연민의 정을 표명했다고 가정한다면 어떻게 되었을까? 이에 대한 지식인들의 반응은 누구나 쉽게 예측할 수 있을 것이다.

위와 같은 일들이 실제로 있었다면 그 결과가 어땠을지 우리는 충분히 예측할 수 있다. 정직한 사람이라면 자유주의 사회에서 실제로 자행되는 사건들에도 똑같은 잣대를 적용해야 할 것이다.

프놈펜이나 비엔티안의 특파원들이 미군의 무자비한 폭격에 집을 잃은 피해자들을 모른 체하며 그들을 길거리에서 인터뷰하는 것조차 거부했지만, 나중에는 폴 포트에게 쫓겨난 난민들을 만나려고 용감무쌍하게 정글을 헤집고 다니던 것까지는 위와 같은 논리로 이해해볼 수 있다. 그러나 동티모르 난민은 그런 대우를 받지 못했다. 그들은 절망에 빠져 뉴욕과 워싱턴의 저명한 신문사 현관까지 달려왔지만 그들에 관련된 소식은 어디에서 실리지 않았다. 정직한 사람이라면 인도네시아 정부군과 크메르 루즈에 의한 난민들을 차별해서 다룬 영국인 동남아 특파원 윌리엄 쇼케이스의 '구조적으로 심각한 설명'에 어떻게 대응해야 할지 알 것이다. 물론 변명이 없지는 않았다. 동티모르의 경우에는 상대적으로 정보원이 부족했고, 난민에게 접근하기가 어려웠다고 변명했다. 그러나 백번 양보해서 정보원을 만나기 어려웠다는 주장을 인정하더라도 리스본과 다윈(오스트레일리아 노던 주의 주도)이 런던보다는 태국과 캄보디아의 국경에 접근하기 훨씬 어렵다.

이런 사례를 밤새라도 늘어놓을 수 있고, 그 사례들에 감춰진 의미를 찾아내는 것도 어렵지 않다. 그런데 이런 지적이 전혀 없다는 사실이 놀라울 뿐이다. 2에 2를 더하면 4가 된다고 말하는 데 대단한 용기가 필요한 것처럼 말이다.

서구 지식인과 소련 지식인을 비교하는 자체가 불합리하다고 반박할 수도 있겠다. 사실 맞는 말이다. 아프가니스탄 침공이 CIA의 지원을 받은 반군들에게서 아프가니스탄을 지켜내기 위한 고육책이었다고 주장해온 소련의 지식인들과, 미군이 남베트남을 침략한 것은 하노이(혹은 모스크바나 베이징)의 지원을 받은 테러리스트들에게서 남베트남을 지켜내기 위한 전략이었다고 줄곧 주장해온 서구의 지식인을 비교하는 것은 어불성설일 수 있다. 사실 둘을 비교하는 것은 권력에 아부하는 비굴함만이 아니라 두려움까지 내비치는 정치위원들에게 처음부터 끝까지 불합리한 것이다.

이런 현상은 보편적인 것이다. 도덕적 기준에 어긋나는 범죄를 모른 체하는 사람들의 도덕적 죄의식은 개방된 자유사회에서 더 크다. 더 자유롭게 말할 수 있고 그런 범죄를 더

효과적으로 종식시킬 수 있는 행동까지 취할 수 있기 때문이
다. 따라서 개방된 자유사회에서 특권적 수단을 지닌 사람
들, 효과적으로 말하고 행동하는 교육을 받았고 그렇게 할
수 있는 기회와 수단까지 가진 사람들, 요컨대 지식인들은
도덕적 죄책감이 대단할 것이다. 그들이 죄책감을 갖는 것은
논리적 귀결이다. 원칙들이 사안별로 어떻게 적용되고, 지식
인들에게 바라는 도덕적 명령이 실제로 어떻게 적용되는지
살펴보면 이런 결론은 자연스레 도출된다. 한마디로 우리에
게 많은 교훈을 주는 결론이다.

　이야기를 좀더 진행해보자. 소련의 정치위원들이 부패하기
는 했지만 아프가니스탄 침공이 타국의 침략이란 것은 인식
할 수 있었다. 그들이 두려움 때문에 아프가니스탄 침략을
합리화시키는 데 앞장서기는 했겠지만 그 사실을 부인할 만
큼 타락하지는 않았다. 그러나 서방세계의 지식인 문화는 무
척 다르다. 오스트레일리아의 사정은 정확히 몰라 내가 뭐라
고 말할 수는 없다. 그러나 나는 지난 30년 동안 존 F. 케네
디가 라틴 아메리카의 테러 국가를 지원하는 수준에서 벗어
나 남베트남을 노골적으로 침략할 만큼 인도차이나 반도에
대한 간섭을 점진적으로 확대해온 과정을 분명하게 증명해
줄 자료를 추적해왔다. 남베트남을 침략한 것이 인도차이나
에서 미국의 패권을 확장하기 위한 출발점이지 않은가. 물론
내가 모든 자료를 읽지는 못했다. 하지만 최선을 다했다고

생각한다. 하지만 결정적인 자료는 하나도 찾지 못하고 있다. 어떤 일이 분명히 있었지만 그 사건에 대해 지식인 세계는 함구하고 있다. 생각조차 안 하고 있다. 지식인들이 자기 변명에 빠져 두려움조차 드러내지 못하는 셈이다.

현실 세계는 생각보다 심각하다. 교육받은 사람들은 진실을 밝히는 데 무관심할 뿐만 아니라 오히려 그 책임을 피해자들에게 전가해왔다. 물론 약간의 차이가 없는 것은 아니지만 그들의 기준에 따르면 베트남이 원죄자였다. 온건파 중의 온건파로 일컬어지는 지미 카터(Jimmy Cater)도 인권에 대해 강연하면서, "우리가 베트남에게 빚진 것은 없다"고 말했다. 쾅가이(Quang Ngai)와 샌프란시스코를 걸어보면 금세 알 수 있듯이, "파괴는 상호적인 것이었다"는 이유였다. 이런 해석에 대한 반발은 없었다. 언제나 그랬듯이 변방의 목소리만 약간 있었을 뿐이다. 지미 카터의 반대편에 있던 로널드 레이건(Ronald Reagan)—더 정확히 말하면 레이건에게 머리를 빌려준 사람들—과 상원의원들은 한 걸음 더 나아가, 베트남이 우리에게 범한 잘못을 응징해야 한다는 주장을 서슴지 않았다. 한편 그들의 중간에는 조지 부시(George Bush : 아버지 부시)를 필두로 한 중도파가 있었다. 부시는 "우리가 과거의 잘잘못을 따지겠다고 위협하지 않고 그저 그들의 대답을 구할 뿐이라는 점을 이제 하노이도 알고 있다"는 입장을 밝혔다. 달리 말하면 그들이 우리에게 저지른 짓은 용서할 수 없지만, 그들이 하늘에서 쏘아 떨어뜨린 미군 조종사들의 시신을 찾는 데 노력한다면 베트남 전쟁을 그것으로 청산하겠다는 뜻이다. 베트남을 괴롭히는 것도 재밌지만 베트남과 타협할 때 예상되는 이익이 훨씬 크다고 계산한 기업계의 요구에 너그럽게 부응한 입장이라 해석된다.

평소에는 대통령의 발언을 크게 다루지 않던 뉴욕 타임스가 이때는 부시 대통령의 '신중한' 발언을 1면에 대서특필했다. 그리고 바로 옆에 실린 칼럼에서는 일본이 전쟁 도발의 책임을 인정하지 않으면서 미국의 정치해설가들에게 영원한 미스터리와도 같은 일본인의 결점을 다시 한번 드러냈다고 지적했다.

이쯤에서 교육과 특권의 효과를 따져볼 필요가 있다. 반전운동이 한창일 때도 지식인들은 베트남 전쟁을 '실수'라고 비판하는 것이 고작이었다. 베트남의 문화와 역사를 몰랐고 올바로 이해하지 못했기 때문에 실패했다는 선의의 해석이었다. 그런데 1970년대 중반에 실시된 여론조사에 따르면 미국인의 70%가 '베트남 전쟁은 근본적으로 잘못된 것이고 비도덕적이다'라는 입장을 취했다. 한마디로 '실수'였다고 어물쩍 넘어갈 문제가 아니었다. 이런 수치는 괄목한 만한 것이다. 많은 선택을 제시한 개방형 질문이었는데 그렇게 높은 수치가 나온 것도 주목되지만, 그런 입장을 표명한 사람들이 스스로 그런 결론에 도달했을 가능성이 크기 때문이다. 그들은 미디어나 신문을 통해 베트남 전쟁의 진실을 듣거나 읽을 기회가 거의 없었다. 베트남 전쟁의 경우에서만 이런 결과가 도출되리라는 법은 없다. 따라서 연구해볼 가치가 있는 현상이 아닐 수 없다.

미국의 정치계는 잔혹 행위의 피해자들에게 책임을 씌우는 '훌륭한' 전통을 본받고 있다. 1825년 아이티는 프랑스에게서 독립하려 한 죄값으로 엄청난 배상금을 치러야 했다. 인도네시아도 똑같은 잘못을 저지른 후에 오랫동안 그들에게 은혜를 베풀어온 네덜란드에게 비슷한 강요를 받았다. 힘을 가진 자들의 특권이었지만 그런 작태에 대한 저항이 없었기에 가능한 일이었다.

그런데 서구세계의 이런 입장이 뜨거운 갈채를 받고, 더구나 자화자찬 된다는 점이 놀라울 뿐이다. 게다가 자유사회에서 부자들과 특권계급에 허용된 보호 장치를 향유하는 사람들에게, 적어도 그들에게는 정직과 성실에 따른 죄값이 극히 경미하다는 사실도 이런 추악한 장면을 더욱 볼썽사납게 만든다.

실제로 이런 자기 질책성 발언들은 넘쳐흐른다. 예컨대 1994년 9월 15일 '월스트리트 저널'의 편집진은 국무부가 대학 캠퍼스의 독소였던 '정치적 올바름(political correctness)'에 굴복했다면서 심하게 질책했다. 모든 서명국에게 개별 국가의 인권 상황에 대한 평가를 의무화시킨 유엔협약에 합의

함으로써 미국에 대한 브레주네프적 해석을 인정하는 꼴이
됐다는 질책이었다. 월스트리트 저널의 편집진은 "정의 구현
을 위한 미국의 투쟁은 아프리카계 미국인들의 노예화와 공
민권 박탈, 그리고 아메리카 원주민 문화의 실질적인 파괴로
크게 얼룩졌다"는 글을 인용하면서 미국 내에서 벌어지는 인
권 침해가 왜곡되어 평가될 것이라 우려했다. 게다가 소련의
이런 거짓말들이 여기저기에서 입에 오르내린다면! 그러나
월스트리트 저널의 이런 반응에서 우리는, 우익이 대학을 비
롯해 독립적 의견을 개진하던 기관들을 무차별적으로 공격
하는 과정에서 이데올로기적 무기로 고안해낸 우스꽝스런
개념인 '정치적 올바름'에 대한 그들의 생각 이상을 읽어낼
수 있다. 한편 인도차이나 반도에 400만 이상의 시신을 남겨
놓은 전쟁의 고안자 로버트 맥나마라(Robert McNamara)가
자신의 잘못을 사과했을 때 찬사가 있기는 했지만 전반적인
반응은 비슷했다. 하지만 맥나마라의 사과는 미국인을 향한
사과에 불과했다. 선(善)을 구현하기 위한 시도였지만 실패함
으로써 미국 사회에 고통과 분열을 안겨준 잘못에 대한 사과
였다.

이런 식의 자기 질책은 옛날에도 있었다. 토크빌(Alexis de
Tocqueville)은 '승승장구하며 사막을 가로질러 전진하는 문명
의 행군'을 보고, 미국의 식민지 개척자들이 '인륜의 법을
존중하며 피 한 방울 흘리지 않고 도덕률을 위반하지 않으면

서 솜씨 있고 조용하게, 법과 박애 정신을 지키면서' 원주민 문명을 파괴하는 능력에 경탄을 금치 못했다. 한편 1880년 헬렌 잭슨(Helen Jackson)은 '불명예의 세기'라는 글에서 우리 가 원주민들을 어떻게 학대했는지 진솔하게 기록하고 있다. 많은 점에서 탁월한 글이다. 존 퀸시 애덤스(John Quincy Adams)도 대통령에서 퇴임한 후 정직한 삶을 살면서 "우리가 불운한 아메리카 원주민을 무자비하고 잔혹하게 씨를 말려 버렸다"고 식민지 개척 과정을 설명했다. 그러나 잭슨의 글 은 거의 묻혀 있었다. 1964년 한정판으로 2000부가 인쇄될 때까지 알려져 있지도 않았다. 오늘날에도 잭슨의 글을 아는 사람은 극히 드물고, 구하기도 어렵다. 하지만 헬렌 잭슨이 란 이름은 꽤 알려져 있다. 인종을 차별한 역사학자로 훗날 대통령이 된 시어도어 루스벨트(Theodore Roosevelt)가 『서부의 정복』이 널리 읽힌 것을 자축한 연회장에서 그녀의 변절을 신랄하게 비난한 덕분이었다. 그때 루스벨트는 "한 국가로서 우리의 원주민 정책은 유약한 대처, 근시안적 대책, 인도주의 라는 감상주의적 성향을 띠고 있어 비난받아 마땅하다. 우리 는 불가능한 일을 이뤄내겠다고 입버릇처럼 약속해왔다. 하 지만 고의적으로 저질러진 비행(非行)은 없었다"고 주장했다.

그리고 문명은 지금까지도 변함없이 승리를 거두며 행군을 계속하고 있다.

자유로운 사회와 전체주의 사회의 비교도 새삼스러운 것은 아니다. 데이비드 흄(David Hume)은 지배의 근본 원리를 자세히 설명하면서, "지배자는 궁극적으로 지배적 사상에 의지할 수밖에 없다. 따라서 지배는 여론에 근간을 둔다. 이런 원칙은 가장 자유롭고 민중적인 정부만이 아니라 가장 전제적이고 군사적인 정부에도 적용된다"고 덧붙였다. 반세기 전, 조지 오웰(George Orwell)은 『동물농장』의 서문을 자유롭고 민주적인 영국에 헌정하면서, 결과에 도달하는 방법은 다르지만 결과는 자유로운 국가에서나 전체주의 국가에서 다르지 않다고 지적했다. 영국 지식인들에 대한 찬사는 결코 아니었다. 오웰은 "영국에도 검열이란 바람직하지 못한 풍습이 존재한다. 자발적인 형태를 띠고 있다는 점이 전체주의 국가와 다르다. 인기 없는 사상은 침묵 속에 떨어지고, 거북한 사실은 비밀에 부쳐진다. 따라서 국가가 나서 금지시킬 필요가 없는 것이다"라고 말했다. 요컨대 국가가 강제력을 행사하지 않더라도 종속과 순응이란 가치관이 보편화되고, "중요한 사안들을 덮어버려야 하는 이유를 가진 부자들"이 언론을 장악함으로써 지배적인 통설에 이론(異論)을 제기하는 사람들의 입은 어느새 닫혀버린다.

오웰의 분석이 철저하지 못했고 그가 제시하는 예들이 궁색하기는 했다. 그러나 그 이후로 온갖 일들이 벌어지면서 분석도 확대되었다. 또 자유사회에 대한 오웰의 정확한 인식을 단적으로 보여주는 기록도 있었다. 30년 후에야 그의 원고 더미 안에서 발견된 미발표 원고로 오웰의 관점을 집약해 놓은 듯하다.

　오웰이 미발표 서문에서 다룬 문제는 그후에 쓰인 대표작 『1984년(Nineteen Eighty Four)』에서 폭로한 가증스런 적의 범죄적 행위보다 서구 사람들에게 훨씬 중요하다. 또 지적인 호기심을 더 자극하는 것도 사실이다. '가장 독재적인 정부'에서 사용하는 통제 방법은 노골적이어서 뻔하지만 '가장 자유롭고 민중적인 정부'에서 사용하는 방법들은 수수께끼를 풀듯이 풀어가야 하기 때문에 훨씬 흥미롭다. 사실 오웰의 소설들이 이처럼 훨씬 중요하고 지적인 도전거리를 주제로 삼았다면 그는 서구 사회에서 결코 영웅이 되지 못했을 것이다. 오히려 영국의 헬렌 잭슨이 되거나, 버트런드 러셀(Bertrand Russell)이 성실함과 정직함을 보여준 대가로 치렀던 중상모략을 감수해야 했을 것이다. 이런 추론은 기업 프로파간다의 연구방법론을 개척한 알렉스 케리(Alex Carey)의 예에서도 확인된다. 홍보산업계에서 중요한 위치를 차지하고 있는 한 인물의 표현을 빌리면, 기업 프로파간다는 '인간 정신과 벌이는 끝없는 전쟁'을 위한 핵심적 도구다. 오스트레일리아의 사회학자 알렉스 케리의 통찰력 있는 저작물은 현대사회의 비밀을 이해하려는 사람들 사이에서 오랫동안 은밀히 떠돌아다녔지만, 최근에야 비로소 『민주주의의 위험을 무릅쓰고 (Taking the Risk Out of Democracy)』(1995)란 제목으로 출간되었다. 오스트레일리아 독자들은 잘 알고 있겠지만 케리도 자발적으로 나선 정치위원들에게 얼마나 혹평받고 모략을 당했던가!

우리는 지식인의 책무란 절박한 문제에 대해 따져보았다. 지식인이라 자처하는 우리지만 새삼스레 말할 것이 많고 대답할 것도 많다는 사실을 깨달았다. 그 말들이 우리 자신이나 우리가 살아가고 일하는 공동체에 달가운 소리여야 할 필요는 없다. 우리가 속한 학교와 언론계와 공동체에서 우리의 관심사와 행동에 대해 숨김없이 말할 수 있어야 한다.

이런 변화가 있을 때, 그때야 비로소 우리는 문명 세계에 들어섰다고 주장할 수 있을 것이다.

2.
목표와
비전

Goals
and
Visions

목표와 비전! 나는 이 둘을 원칙적인 관점보다 실질적
인 관점에서 구분하려 한다. 인간사에서 흔히 그렇듯이 실질
적인 관점이 더 중요하다. 이론적인 이해만으로는 내용이 빈
약해서 큰 설득력을 갖지 못하기 때문이다.

비전이란 우리가 현재 하는 일에 활력을 북돋워주는 미래
사회, 즉 정직한 사람이라면 누구나 살고 싶어할 사회를 뜻
한다. 한편 목표는 능력 범위 내에 있는 과제를 뜻한다. 따라
서 우리는 멀리 있어 어렴풋한 비전을 향해서, 과제로 선택
한 목표를 어떤 식으로 추구한다.

활력을 주는 비전은 우리에게 유익한 것, 우리 욕구와 권
리, 우리 이익만이 아니라 다른 사람들의 이익을 위해서 함
양하고 성장시켜야 할 인간성에 바탕을 두어야 한다. 이런

비전에 반드시 담보되어야 하는 인간의 본성이란 개념은
말로 표현할 수도 없고 형태도 없는 것이다. 그러나 우리가
세상을 현 상태로 유지하든, 우리 텃밭에서 계발하든, 아니
면 작은 변화나 혁명적 변화를 위해 노력하든 간에 인간의
본성이 언제나 은연중에 존재한다는 것은 부인할 수 없는 사
실이다.

도덕적 행위자로 자처하는 사람들, 즉 그들의 일거수일투
족이 주변에 미치는 영향에 관심을 갖는 사람들에게도 인간
의 본성이란 것은 잠재되어 있다.

우리가 아는 것과 이해하는 것은 아주 작다. 실제로 삶의
모든 영역에서 우리는 직관과 경험에 근거해서 행동하며 그
결과에 희망과 두려움을 갖는다. 목표는 인간의 삶에 중대한
영향을 미치기 때문에 어려운 선택 과정을 거친다. 우리는
불완전한 증거와 한정된 지식을 근거로 목표를 설정한다. 비
전은 방향타일 수 있고, 방향타여야 하지만 한쪽으로 치우친
방향타이기 십상이다. 게다가 비전은 분명하지도 않고 안정
된 것도 아니다. 적어도 자신의 행동이 주변에 미칠 영향에
대해 염려하는 사람에게는 그렇다. 똑똑한 사람들은 조금이
라도 분명한 비전을 기대하면서, 이성과 경험에 비추어 여러
비전들을 비판적으로 평가하려 할 것이다. 그러나 지금까지
커다란 성과는 없었다. 비전의 선택 방법에서 작은 변화라도
있었다는 조짐은 없다. 구호를 내세우는 것은 어렵지 않은

일이다. 하지만 현실적인 선택을 결정해야 할 때 구호는 큰 도움이 되지 않는다.

목표 대 비전
Goals versus Visions

목표와 비전은 서로 충돌할 수 있으며, 실제로 자주 충돌한다. 하지만 우리가 일상의 경험을 통해 알고 있듯이, 둘이 모순되는 것은 아니다. 내 경우를 예로 들어 설명해보자.

내 개인적 비전은 계몽주의와 고전적 자유주의에 기원을 두기 때문에 상당히 전통적인 냄새를 물씬 풍기는 아나키스트적 비전이다. 이야기를 더 진전시키기 전에, 내가 이해하는 고전적 자유주의의 뜻을 분명히 해두고 싶다. 내 생각하는 고전적 자유주의는 이데올로기적 목적으로 재구성된 고전적 자유주의가 아니다. 원래의 고전적 자유주의, 즉 루돌프 로커(Rudolf Rocker)가 60년 전 무정부주의적 노동조합운동(anarcho-syndicalism)에 대한 글에서 정의했듯이 산업자본주의의 발흥으로 의미가 왜곡되기 이전의 고전적 자유주의를 뜻한다.[1]

국가 자본주의가 지금과 같은 형태로 발전하면서 경제 · 정치 · 이데올로기 시스템이 거대 민간 기업으로 넘어갔다. 거대 민간 기업들의 전제주의적 행태는 인간이 지금까지 구축한 전체주의적 이상향과 엇비슷하다. 반세기 전에 정치경제학자 로버트 브래디(Robert Brady)는 "기업 내에서 모든 정책은 위로부터의 통제에서 나온다. 정책을 결정하는 이런 힘에 경영의 권한이 더해지면서 모든 권한은 필연적으로 위에서 아래로 전달되고, 모든 책임은 밑에서 위로 향한다. 따라서 '민주적' 관리 방식과는 정반대다. 한마디로 독재 권력의 구조와 다를 바가 없다"며 "정치 집단에서 입법·행정·사법적 권한이라 일컬어지는 힘은 모두 '지배계급의 손'에 집중된다. 정책 결정과 집행의 구조에서 지배계급은 피라미드의 정상에 위치하며, 아래로부터 큰 견제를 받지 않고 조절된다"고 덧붙였다. 민간의 힘이 커지고 확대되면서 민간 기업은 그 어느 때보다 정치를 의식하면서 정치적 세력을 가진 집단으로 변해갔다. 또 지배 피라미드의 관점에서 민중을 현혹시키는 수단인 '프로파간다 프로그램'에 심혈을 기울였다. 브래디의 시대에 상당한 진척을 보았던 이 프로젝트는 그후 엄청난 규모로 확대되었다. 특히 미국 기업계는 제2차 세계대전 후 미국까지 불어닥친 사회민주주의 바람을 격퇴

---

1) Rocker, *Anarchosyndicalism* (Secker&Warburg, 1938); 'Anarchism and Anarchosyndicalism', appended essay in P. Eltzbacher (Freedom Press, 1960)

하고, '인간 정신과 벌이는 끝없는 전쟁'에서 승리를 거두기 위해서 이 프로젝트를 대대적으로 전개했다. 홍보 산업, 오락 산업, 기업화된 매스미디어 등 사회·경제 질서의 지배 피라미드가 동원할 수 있는 모든 수단을 동원했다. 극소수이기는 하지만 신중한 연구 결과들이 극명하게 보여주듯이, 기업 프로파간다는 현대 세계를 정의하는 주된 특징이 되었다.[2]

토머스 제퍼슨(Thomas Jefferson)이 억누르지 않으면 전제주의적 형태를 띠어 미래의 민주주의 혁명을 파괴할 것이라 예언하며 말년에 그 위험성을 경고했던 '은행과 돈 많은 기업들'은 그후 목표 이상의 성과를 거두었다. 은행과 기업들은 아무런 책임을 지지 않으면서 민중의 간섭과 공공의 감시에서 벗어나 세계 질서를 지배하는 힘을 확대해나갔다. 계급적

---

2) Brady, *Business as a System of Power* (Columbia, 1943). 기업 프로파간다에 대해서는 Alex Carey의 선구자적 글들을 참조하기 바란다. 일부가 *Taking the Risk out of Democracy* (UNSW, 1995)에 실려 있다. 전후 미국에 대해서는 Elizabeth Fones-Wolf의 *Selling Free Enterprise: the Business Assault on Labor and Liberalism, 1945~1960* (U. of Illinois Press, 1995)을 참조하기 바란다. 이 책은 미국에서 전반적인 문제를 다룬 최초의 학술 서적이다. William Puette, *Through Jaundiced Eyes: How the Media View Organized Labor* (Cornell U. Press, 1992); William Solomon and Robert McChesney, eds., *New Perspectives in U.S. Communication History* (Minnesota, 1993); McChesney, *Telecommunications, Mass Media&Democracy* (Oxford, 1993).

명령 구조 내의 사람들은 위에서 명령을 받아 그 명령을 아래로 내려 보낸다. 외부인들은 권력 집단과 인연을 맺으려 애쓰지만, 권력 집단이 제공하는 것을 구매하는 행위이외에 다른 관계를 갖지 않는다. 현 세상은 결코 간단히 설명될 수 없는 복잡한 구조를 띠고 있지만 브래디의 지적은 당시의 세계보다 오히려 오늘날의 세계를 더 적절하게 설명하고 있는 듯하다.

기업계와 금융계가 누리는 막강한 힘은 결코 민중의 선택이 아니라는 점을 간과해서도 안 된다. 이런 힘은 국가를 개발하는 과정에서 법원과 법률가들에 의해 교묘하게 구축되고, 국가 간의 경쟁을 이유로 대규모 민간 기업에 특권을 보장하는 식으로 더욱 확대된다. 연방의회가 파격적으로 기업식 경영 방식을 도입해 연방정부의 권한을 주정부에 이양하는 이유도 바로 여기에 있다. 기업 입장에서는 주정부를 위협해서 조정하기가 더 쉽기 때문이다. 물론 나는 권한을 위임하는 과정이 학술적 차원에서 활발하게 이뤄지고 있는 미국의 실정(實情)을 말하는 것이다. 그러나 내가 잘못 알지 않았다면 권한 위임은 다른 나라들에서도 마찬가지로 진행되고 있다.

우리는 권력 구조가 불변하는 것, 즉 자연적 현상의 일부로 생각하는 경향이 있다. 하지만 권력 구조는 결코 불변의 것이 아니다. 인간과 똑같은 권리, 혹은 그 이상의 권리를 가진 현재와 같은 민간 기업의 구조는 20세기 초에야 완성된 것이다. 민간 기업에 인정된 권리와, 그 뒤에 감춰진 법리(法理)는 20세기를 장식한 전체주의의 두 형태, 즉 파시즘과 볼셰비키주의를 키워낸 지적 토양에 뿌리를 두고 있다. 따라서 인간의 역사에서 민간 기업의 독재적 구조가 두 수치스런 형제들과 달리 영원하리라고 생각할 이유는 없다.[3]

일반적으로 '전체주의'와 '독재'라는 개념들은 정치권력에 국한되어 쓰여왔다. 하지만 브래디는 의사 결정의 구심체를 대중의 눈에서 떼어내는 데 큰 역할을 해온 이런 관습을 고수하지 않았다는 점에서 예외적인 학자였다. 사실 의사 결정 과정을 대중에게 감추려는 현상은 정통성을 갖지 못한 사회에서 흔히 발견된다. 이런 이유에서 개인의 성격과 약점, 모호하고 애매한 문화적 관습 등과 개념들이 권력 기관의 구조와 기능을 연구하는 데 자주 언급된다.

내가 주장하는 고전적 자유주의는 독재적 성격을 띤 국가 자본주의가 발흥하면서 상당히 퇴색되고 말았다. 그러나 새로운 형태의 억압에 저항하는 문화에서 다양한 형태로 살아남거나 되살아나면서 민중에게 투쟁의 불씨를 불어넣는 비

---

3) 하버드의 법역사학자 Morton Horwitz가 쓴 *The Transformation of American Law, 1870~1960*, vol. II (Oxford, 1992)가 이 문제를 다룬 대표적인 책이다.

전을 제시하며, 자유와 정의와 권리의 범위를 확대해왔다. 또 좌파 자유주의자들이 그 개념을 받아들여 새로운 환경에 맞춰 변형시키고 발전시키기도 했다. 고전적 자유주의에 바탕을 둔 아나키스트적 비전에 따르면, 모든 계급 구조와 권위 구조는 개인적 관계에서나 사회적 관계에서나 정당성 확보라는 커다란 짐을 안고 있다. 그런 짐을 감당하지 못하는 계급 구조는 정통성을 갖기 못하기 때문에 당연히 와해되어야 한다. 민중이 이런 문제를 정식으로 거론하면서 과감히 맞설 때 견뎌낼 계급 구조는 거의 없다. 따라서 진정한 자유주의자에게는 아직도 해야 할 일이 많다.

국가 권력과 민간 기업이 이런 한계를 지닌 대표적인 예다. 하지만 똑같은 문제는 부모와 자식, 교사와 학생, 남자와 여자, 기성 세대와 우리가 저지른 일의 결과를 필연적으로 떠안아야 하는 미래 세대의 관계에서, 한마디로 거의 모든 부분에서 일률적으로 제기된다. 특히 아나키스트적 비전은 국가 권력의 해체를 목표로 삼았다. 개인적으로 나는 이런 아나키스트적 비전에 공감하지만 그들의 목표는 내 목표와 상충된다. 이 때문에 내가 언급한 긴장 관계가 있었다.

내가 단기적으로 갖는 목표는 국가 권력을 이루는 요건들을 지키고 강화시키는 것이다. 그 요건들이 근본에서는 비정통적인 것이더라도 민주주의와 인권을 확대시키는 데 큰 역할을 해온 진보의 물결을 되돌려는 방해 공작을 차단하기 위해서라도 지금 당장에는 필요하기 때문이다. 국가 권력은 민주 사회에서 더 심각한 공격을 받고 있지만 국가 권력이 자유주의적 비전과 충돌하기 때문은 아니다. 정반대다. 오히려 국가 권력은 자유주의적 비전의 일부를 미약하게나마 보호하고 있기 때문이다. 정부는 치명적인 약점을 안고 있다. 즉 민간의 폭군들과 달리, 국가 권력이란 제도적 기관은 '멍청한' 대중에게 제한적이나마 자신의 문제를 직접 관리하는 기회를 주어야 한다. 주인들에게 이런 약점은 참기 힘든 것이다. 요즘 들어 주인들은 국제 경제와 정치 질서에서 변화를 빌미로 민중에게는 우울한 소식이겠지만 '주인들을 위한 유토피아'를 건설할 핑곗거리가 생겼다고 생각하는 듯하다. 내가 무슨 말을 하는지 시시콜콜하게 설명할 필요는 없을 것이다. 부자 나라들에서 그 결과가 극명하게 나타나고 있다. 권력의 회랑은 물론이고 길거리, 시골, 심지어 유치장에서도 그 결과가 분명히 확인된다. 당연히 관심을 가져야겠지만 이 글의 범위를 넘어서는 이유로 우리 사회의 주요 분야들에서 과거로의 회귀 운동이 활발하게 전개되고 있다. 과거에 공격받던 가치관이 더 세련된 형태로 다듬어져 새롭게 각광받는 셈이다. 적어도 미국과 영국에서는 그렇다. 아이러니가 아닐 수 없지만 모순까지는 아니다.

19세기 초부터 유토피아가 곧 실현될 것이란 꿈에 부풀었다는 사실을 잊지 말아야 한다(이 시기에 대해 뒤에서 다시 살펴볼 것이다). 1880년대 사회주의 혁명을 꿈꾸던 예술가 윌리엄 모리스(William Morris)는 이렇게 말했다.

경제 시스템, 즉 '승자가 모든 것을 차지하는 시스템'은 이 땅에서 존재할 최후의 경제 시스템이란 것은 이제 주지의 사실이다. 완벽한 경제 시스템이기 때문에 거기에서 최후를 맞게 마련이다. 그러나 내가 듣기에 학문적 조예가 깊은 사람들까지 옹호하는 이런 생각에 맞선다는 것은 무모한 짓이 된 듯하다.

일부에서는 역사가 실제로 종말을 맞는다면 문명도 사라지고 말 것이라 주장한다. 하지만 윌리엄 모리스에 따르면 인류의 역사는 그렇지 않았다. '완벽함'이 임박했다는 희망은 1920년대에 되살아났다. 자유주의 사상과 기업계를 강력히 지원하면서 우드로 윌슨(Woodrow Wilson)의 '적색공포증(Red Scare)'은 노동조합과 독자적 주장들을 효과적으로 억누르며 기업 지배 시대를 구축하는 데 큰 역할을 해냈다. 따라서 자동차 산업은 벼락 경기를 맞았지만 노동조합의 붕괴로 노동자들은 힘과 희망을 잃었다. 노동조합이 거의 폭력적으로 와해되고 노동자의 권리가 땅에 추락하자, 영국의 우익 언론까지 충격에 휩싸였다. 1928년 미국을 방문한 한 오스트레일리아인은 미국 노동조합의 허약함에 경악을 금치 못하며, "노동조합이 고용주의 허락하에서만 존재한다 … 노동조합이 노동 조건을 결정하는 데 실질적으로 아무런 역할을 하지 못한다"라고 말했다.

다시, 유토피아의 꿈이 때 이른 것이란 현실을 깨닫는 데는 많은 시간이 필요치 않았다. 그러나 '주인들을 위한 유토피아'라는 꿈이 되살아나면서, 요즘 들어 '지배 피라미드'와 그들의 정치 하수인들이 그 꿈을 실현시키기 위한 새로운 모델을 구상하고 있다.[4]

따라서 지금과 같은 세상에서 아나키스트는 민간 폭군들의 집요한 공격에서 국가의 제도적 역할 중 일부를 지키는 동시에, 민중에게 의미 있는 참여를 보장하도록 국가기관들을 개방시키는 데 목표를 두어야 한다. 이런 과정을 거쳐 적절한 환경이 조성된다면 궁극적으로 국가기관을 해체해서 훨씬 더 자유로운 사회로 발전시킬 수 있어야 한다.

좌익이든 우익이든 비전과 목표의 충돌을 이유로 이런 입장을 훼손시켜서는 안 된다. 좌익과 우익을 판단하는 명확한 기준이라도 있는가? 비전과 목표의 충돌은 일상적 삶에서도

---

4) Gary Zabel, ed., *Art and Society: Lectures and Essays by William Morris* (George's Hill, Boston, 1993). Hugh Grant Adams, cited by Ronald Edsforth, *Class Conflict and Cultural Consensus* (Rutgers U. Press, 1987, 29). See also Patrica Cayo Sexton, *The War on Labor and the Left* (Westview, 1991)

흔히 발견되는 정상적인 현상이다. 비전과 목표가 충돌한다
고 우리가 삶을 포기하지는 않지 않는가!

인도주의적 관점
The 'Humanistic Conception'

인도주의적 관점에서는 비전을 좀더 크게 가져야 한다. 특
히 민중이 비싼 대가를 치르면서 오랫동안 투쟁한 결과로 거
둔 결실을 뒤집고 훼손하며 와해시키려는 시도들에 맞서기
위해서라도 비전의 확대는 필요하다. 요즘의 쟁점들은 역사
적으로 중요한 의미를 갖는다. 지배 피라미드의 관점에서 민
중을 교화시키려는 프로그램에 의해 왜곡된 형태로 감춰져
있기 때문이다. 산업사회가 현재의 상태로 발전하는 과정에
서 명료해지고 수정되어 새로운 형태를 갖춤으로써 그들에
게 적대적인 입장을 취하고 있는 이상과 비전을 재고하기에
더할 나위 없이 좋은 시기인 셈이다. 따라서 민주주의, 인권,
심지어 시장에 대한 융단폭격이 시작되었다. 이런 공격을 주
도하는 사람들이 기업 지배의 가치관을 앞장서서 선전하고
있다. 그리고 지금보다 정직한 시대에 '프로파간다'로 불리
던 것에 길들여진 사람들은 그런 선전을 무리 없이 받아들인
다. 바야흐로 인간적 관점에서는 한없이 불길하지만 지적으

로는 무척이나 흥미로운 시대가 도래한 셈이다.

20세기를 수놓은 두 사상가, 버트런드 러셀과 존 듀이(John Dewey)가 천명한 관점을 잠깐 살펴보자. 두 사상가는 많은 점에서 생각이 달랐지만, 러셀이 '인도주의적 관점'이라 칭한 비전에는 듀이도 같은 생각이었다. 듀이의 표현을 빌리면, 생산의 궁극적 목적은 재화의 생산이 아니라 '동등한 관계로 맺어진 자유로운 인간'의 생산이었다. 한편 러셀은 교육의 목표를 '지배가 아닌 다른 가치관을 심어주고, 자유와 개인의 창의성이 마음껏 꽃피울 수 있으며, 노동자들이 생산의 도구가 아니라 자신의 운명을 스스로 개척하는 주체가 되는 자유로운 공동체에서 지혜로운 시민을 양성하는 것'이라 정의했다. 따라서 강압이라는 부조리한 구조는 해체되어야 했다. 특히 은행, 토지, 산업을 장악해서 개인적 이익을 도모하는 민간 기업이 언론, 통신 등 선전과 프로파간다의 수단까지 장악해 더욱 강화시키는 지배 구조를 해소해야 했다(듀이). 이런 해체가 이뤄지지 않는다면 민주주의는 본 궤도를 크게 벗어날 것이라고 듀이는 덧붙였다. 그리고 정치가 대기업이 사회에 던지는 그림자로 전락해서 그림자가 옅어지더라도 요체(要諦)는 변하지 않을 것이라 경고했다. 이렇게 된다면 민주주의는 껍데기만 남을 것이고, 민중은 자유롭고 지적으로 일하지 못하고 밥벌이를 위해 일하는 존재로 전락하고 말 것이다. 달리 말하면 반(反)자유주의적이고 비도덕적인 상황에 떨어지고 말 것이다. 따라서 산업구조를 봉건적 구조에서 민주적 구조로 바꿔야 한다. 물론 여기에서 듀이가 말하는 민주적 구조는 노동자들의 자유 연대와 동맹, 더 구체적으로 말하면 많은 아나키스트의 사상과 더불어 콜(G.D.H. Cole)의 길드 사회주의, 그리고 안톤 판네쾨크(Anton Pannekoek), 로자 룩셈부르크(Rosa Luxemburg), 폴 마티크(Paul Mattick) 등 좌익 마르크스주의자들의 사상에 기초한 구조를 뜻한다. 이런 점에서 러셀의 관점은 듀이의 생각과 무척 비슷하다.[5]

듀이의 사상과 직접 참여에서 주된 초점은 민주주의의 문제점이었다. 따라서 듀이는 지극히 미국적인 사람이었다. 그런데 이상하게도, 그가 오래 전에 표명한 사상들이 오늘날 지식인 사회에서 대중에게 알려지면 좋을 것이 없으며, 심지어 '반미'적인 사상으로 비난받고 있는 실정이다.

요즘 세태에 비춰볼 때 '반미'라는 표현이 특히 흥미롭다. 이런 단어는 전체주의 사회에서 사용할 법한 개념이지 않은가. 스탈린 시대에, 반체제 인사들과 혹평가들은 용납하지 못할 죄를 저질렀다며 '반소적 인물'로 낙인찍혔다. 브라질

---

5) See my Russel memorial lectures, *Problems of Knowledge and Freedom* (Harper&Row, 1971), for discussion. On Dewey, see particularly Robert Westbrook, *John Dewey and American Democracy* (Cornell U. Press, 1991).

의 신나치주의 장성들도 비슷한 개념을 사용했다. 하지만 권력에의 종속이 강요되지 않는 사회, 즉 자유의지에 따라 권력에 순종하는 자유로운 사회에서 '반미'와 같은 개념들이 사용된다는 것은 결코 가볍게 넘길 현상이 아니다. 민주주의 문화의 씨앗까지 기억하고 있는 나라들에서 그런 개념들이 사용되었다면 코웃음 세례만 받았을 것이다. 예컨대 밀라노나 오슬로에서 시대적 분위기를 존중하지 않는 사람들의 실제 행위나 조작적 행위를 비난하는 '반이탈리아' '반노르웨이'라 제목을 붙인 책들이 출간된다면 그곳 사람들이 어떻게 반응할까 상상해보라. 그러나 오스트레일리아를 포함해서 영미권 국가들에서는 그런 개념들이 명망 있는 집단에서 엄숙하고 진지하게 다뤄지고 있다. 진정한 의미에서 민주적 가치가 크게 훼손되었다는 증거가 아닐 수 없다.

많은 시간이 지난 것도 아니다. 20세기 초·중반에 러셀과 듀이가 표명한 사상들은 계몽주의와 고전적 자유주의에 뿌리를 두면서도 교육 현장, 노동 현장 등 삶의 모든 공간에서 혁명적 성격을 띠었다. 그들의 사상이 실천에 옮겨졌다면 인간이 자유롭게 발전할 수 있는 길을 크게 열 수 있었을 것이다. 지금처럼 재물의 축적과 지배에 가치관을 두지 않고 정신과 행동의 주체성, 평등에 근거한 자유로운 연대, 공동의 목표를 성취하기 위한 협조를 가치관으로 삼는 사회로 나아가는 길이 열렸을 것이다. 아담 스미스는 '주인들의 천박하고 야비한 추구'와 그들의 상스러운 좌우명을 경멸했다. 이런 점에서 러셀과 듀이는 아담 스미스와 같은 생각이었다. 전통적 가치관이 주인들의 끊임없는 공격에 거의 지워지고 말았다. 대신 '내가 모든 것을 차지하고 남에게는 하나도 주지 마라!'는 처세법이 절대적인 원칙인 양 경외하고 존중하는 법을 우리에게 가르친다. 요컨대 자본주의가 득세하기 전의 사상가들, 예를 들어 아담 스미스가 노동의 분할에 따른 암울한 결과를 경고하며, '완전한 자유'가 주어질 때 모든 사람들이 염원하는 평등 사회가 실현될 가능성이 훨씬 크다는 믿음으로 시장의 기능을 옹호한 이유가 무엇인지 주인들은 잘 알고 있는 것이다.

러셀과 듀이가 지금보다 문명화된 시대에 주장해서 요즘의 좌익 자유주의자들에게도 낯설지 않은 개념인 '인도주의적 관점'은 주된 현대 사상, 즉 레닌과 트로츠키가 고안해낸 전체주의 사회와 서구의 국가 자본주의 산업사회를 이끌어가는 사상과 완전히 대치된다. 전체주의 체제는 다행히 붕괴되었지만 서구의 자본주의 체제는 아직도 꿋꿋하게 뒷걸음질치고 있다. 이런 후퇴를 그대로 방치한다면 우리는 암울한 미래를 맞을 수밖에 없다.

새로운 시대정신
The New Spirit of the Age

인도주의적 관점과 오늘날을 지배하는 사상 간의 가치관 충돌이 무척 첨예하다는 사실을 인식해야 한다. 어떤 의미에서 요즘의 지배 사상은 19세기 중반에 노동계 이론이 '새로운 시대정신'이라며 비판하던 사상과 크게 다르지 않다. 즉 '돈을 벌어라! 너만을 생각하라!'는 시대정신으로 아담 스미스가 상스러운 좌우명이라 나무랐고, 점잖은 사람이라면 결코 용납할 수 없는 천박하고 부끄러운 사상이었다. 따라서 인간의 정, 평등과 자유, 기본권, 창의력과 성취감을 강조하던 아담 스미스가 활동한 자본주의 이전 시대부터, 후안무치하게도 아담 스미스라는 이름을 들먹이며 '새로운 시대정신'을 찬미하는 오늘날까지 가치관의 변화를 추적해보는 것도 흥미로운 일이라 생각된다.

일단 이데올로기적 기관들의 얼굴에 먹칠해온 천박한 성과물들은 제외하자. 대신 진지하게 받아들일 수 있는 사람, 예컨대 노벨 경제학상을 받은 제임스 뷰캐넌(James Buchanan)의 이야기를 따라가보자. 뷰캐넌은 "이상적인 사회는 무정부주의 사회다. 누구도, 어떤 인간 집단도 서로 억압하거나 강요하지 않는 사회를 뜻한다"라고 말하면서 아주 권위적인 어투로 다음과 같은 해석을 덧붙였다.

어떤 사람에게나 이상적인 상황은 완전히 자유롭게 행동할 수 있는 권리가 허용되고 다른 사람의 행위를 억압해서라도 자신의 욕망을 채울 수 있는 상황이다. 달리 말하면 모든 사람들이 노예인 세상에서 지배권을 다투는 세상이다.[6)]

아담 스미스는 물론이고 빌헬름 폰 훔볼트, 존 스튜어트 밀 등 고전적 자유주의자에 가까운 학자였다면 한결같은 목소리로 '병적'이라 나무랐을 해석이다. 하지만 우리 모두 인식하지 못한 채 꿈꾸는 세계다.

지식인들의 정신 세계와 그들의 가치관을 확실히 보여주는 예는 동유럽 사람들의 생활수준을 향상시키기 위해 우리가 당면한 문제들에 대한 해석이다. 동유럽은 최근에야 자유를 되찾은 까닭에, 우리가 수백 년 동안 다른 곳에 쏟아 부었던 관심과 배려를 그들에게 돌려야 하는 것은 당연하게 여겨질 수 있다. 그러나 그 결과는 세계 곳곳에 널려 있는 참혹한 광경에서 쉽게 짐작할 수 있는 듯하다. 천만다행히도 그들은 서구 문명의 가치관이나, 서구 문명의 지도자들이 신봉하는 원칙에 대해 전혀 모르고 있다. 반미주의자들과 그 부류들만이 광분해서 역사의 기록은 결눈질할 가치조차 없다고 투덜

---

6) Buchanan, *The Limits of Liberty: Between Anarchy and Leviathan* (Chicago, 1975), 92.

거릴 뿐이다. 이제 우리가 자선을 베풀 새로운 기회가 주어졌다. 공산주의의 폭정에서 해방된 사람들도 벵골, 아이티, 브라질, 과테말라, 필리핀, 세계 곳곳의 원주민들, 아프리카의 노예들에게 나눠주던 축복을 누릴 수 있도록 도와줄 기회를 맞았다!

1994년 말, 뉴욕 타임스는 동유럽 상황을 주제로 연재 기사를 실었다. 동독에 대한 기사는 공산주의 체제에 맞서 민중 봉기를 일으킨 리더였던 신부의 말을 인용하는 것으로 시작되었다. 그 신부는 동독 내에서 일어나고 있는 상황을 우려하며, "치열한 경쟁과 돈을 향한 탐욕이 우리 공동체 의식을 파괴하고 있습니다. 모두 두려움과 우울증을 느끼며 불안에 떨고 있습니다"라고 말했다. 우리가 후진국 사람들에게 가르친 교훈을 그들이 터득했다는 증거였다. 하지만 그들의 반응에서 우리는 아무런 교훈도 얻으려 하지 않았다.[7]

모두 자랑스레 내세우는 표본국은 폴란드다. 제인 펄레즈 기자는 '자본주의로 가는 고속도로와 저속도로' 라는 표제로 "폴란드에서는 다른 어떤 곳보다 자본주의가 꽃피우고 있다"라며 "자본주의 논리를 신속하게 이해하는 사람들이 있는 반면에 그렇지 못한 사람들도 적지 않다"고 지적했다.[8]

---

7) Stephen Kinzer, *New York Times*, Oct. 14, 1994.
8) *New York Times*, Oct. 7, 1994.

펄레즈는 두 상반된 예를 들어 폴란드의 상황을 설명했다. 작은 공장을 운영하는 여사장은 자본주의화된 폴란드를 설명해주는 좋은 예다. 자유시장이 보장된 사회에서 정부 지원금을 무이자로 지원받은 덕분에, 그녀의 공장은 '번쩍거리는 구슬로 장식된 옷'과 '복잡한 디자인의 웨딩드레스'를 생산해서 제품 대부분을 부자인 독일인들과 부유한 폴란드인들에게 팔았다. 그런데 세계은행의 보고서에 따르면 개혁이 시작된 이후 빈곤층은 2배 이상 늘었고 실질임금은 30%나 떨어졌다. 그리고 1994년 말이 되어야 폴란드 경제는 1989년 GNP(국민총생산)의 90%를 가까스로 회복할 것이라 예측되었다. 하지만 자본주의는 그런대로 꽃피우고 있었다. 모든 것이 부족하던 사람들은 화려하게 꾸며진 양장점의 쇼윈도에 걸린 웨딩드레스, 폴란드 번호판을 달고 바르샤바 도로를 달리는 외국 승용차들, 그리고 1300달러짜리 휴대전화를 지갑에 넣고 다니는 신흥 부자 여인들에게 감탄사를 연발하면서 갑작스레 찾아온 소비 시대를 고맙게 생각했을 수 있다.

체코 공화국의 한 직업 컨설턴트는 "다른 사람에게 의지하지 말고 자기 힘으로 싸우는 방법부터 사람들에게 가르쳐야 한다"고 말했다. 고질적인 극빈층이 형성되는 것을 우려한 그녀는 일종의 직업학교를 운영하면서 '나는 광부다. 나보다 나은 사람이 어딨냐?'라는 구호가 지배하던 시대에 평등주의 가치관이 머릿속에 박힌 사람들에게 새로운 삶의 방식을

가르치고 있다. 이해력이 뛰어난 사람들은 자본주의 논리를
터득한 듯하다. 옛 노멘클라투라(nomenklatura, 공산주의 체제하
의 특권계급)는 외국 기업의 대리인이 되어 꿈에 그리던 부자
가 되었고, 은행원들은 과거의 네트워크를 활용해서 기업계
에 투신했으며, 폴란드 여인들은 소비의 즐거움을 만끽하고
있다. 정부의 지원을 받아 여성복을 만드는 제조업자들은 생
산품을 다른 나라의 부자 여인들에게 수출한다. 요컨대 달라
진 세상을 올바로 이해한 사람들이다.

　이런 변화는 미국 가치관의 승리였다. 그러나 아직도 저속
도로에서 헤매는 실패한 사람들도 있다. 펄레즈는 43세의 탄
광 인부를 예로 들었다. 그는 지금도 나무판을 댄 거실에 앉
아 공산주의 시절에 그가 이뤄낸 업적의 대가, 즉 TV, 편안
한 가구, 번쩍이는 현대식 주방을 자랑하며 지낸다. 하지만
27년 동안 탄광에서 일한 그는 1989년에 퇴직한 뒤 실업자로
전락하고 말았다. 그는 "그때가 좋았다. 안정되고 편안한 삶
을 살았으니까"라고 말했다. 자본주의 체제에서 지체자가 되
어버린 그는 새로운 가치관을 '불가해한 것'이라 생각하며,
자신이 '직업도 없이 집에서 소일하면서 사회보장기금에 의
존해 살아가야 하는 이유'를 이해하지 못했다. '돈을 벌어
라! 너만을 생각하라!'는 원칙을 배우지 못해 10명이나 되는
자식의 장래를 걱정하며 지내야 하는 신세가 되었다.

　폴란드는 동유럽의 다른 국가들에 비해 자본주의 논리를

상대적으로 신속하게 받아들인 것에 대해 자부심과 자긍심을 가질 만했다.

크리스천 사이언스 모니터의 옛 공산세계 특파원들이 작성한 '글로벌 리포트'에서 지적했듯이, 그 지역에는 아직 자본주의 논리를 이해하지 못한 지체자들이 많았다. 우크라이나의 한 기업가는 옛 동료에게 월 100달러를 제안하며 일을 도와달라고 부탁했다. 그가 집단농장에서 벌던 4달러에 비하면 엄청난 돈이었다. 하지만 그는 그 제안을 거절했다. 폴란드의 기업가는 이런 비합리적 결정을 자유의 승리 이후도 그들을 사로잡고 있는 '이상한 사고방식'의 탓이라 설명했다. "그 친구는 '난 집단농장을 떠나지 않을 거야. 자네 노예가 되기는 싫어!'라고 생각한 것이다." 하기야 미국 노동자들도 적절하게 교화되기 전에는 다른 사람의 노예가 되는 것을 극히 꺼렸다.

바르샤바의 아파트 소유자들도 똑같은 질병을 앓고 있다. 그들은 제2차 세계대전 이전에 그 건물을 소유했다고 주장하는 산업 자본가에게 아파트를 돌려주길 거부하면서, "왜 사람들은 이익을 취해서는 안 될 것에서 이익을 취하려 하느냐?"고 반문하는 실정이다. 이런 반자본주의적 태도를 불식시키기 위한 '의미 있는 진전'이 있기는 했지만 외국인이 토지를 사고 파는 행위에 대한 반감은 여전히 남아 있다. 우크라이나에서 미국의 지원을 받아 영농회사를 운영하는 책임자는 "우리나라에서 전 토지가 개인 소유화되는 날은 절대 오지 않을 겁니다. 우리나라 사람들은 민주주의를 경험한 적이 없으니까요"라고 말했다. 사실 동유럽의 반(反)민주적인 분위기는 1995년 2월에 법으로 시곗바늘을 거꾸로 돌려버린 베트남만큼 심하지 않다. "마르크스에 바치는 선물인 그 법은 외국인 투자를 유인한 목적으로 불하받은 기업용 토지를 소유한 극소수의 특권층에게 임대료를 갈취해 베트남인들을 도울 목적으로 제정되었다." 외국 투자자와 국내의 소수 엘리트만이 토지를 소유할 수 있으며, 보통 사람들은 그들에게 노동력을 제공할 수밖에 없다. 그것도 운이 좋아야! 하여간 중앙아메리카와 필리핀 등 오래 전에 해방되어 파라다이스가 된 다른 곳처럼 동유럽 사람들도 마침내 민주주의와 자유를 누리게 되었다! [9]

쿠바인들은 오래 전에 이런 반민주주의적 정서를 보인 탓에 큰 홍역을 치렀다. 미국에서 범미주경기대회(Pan-American Games)가 열렸을 때 쿠바 선수들에게 프로선수가 되면 돈방석에 앉을 수 있다며 유혹하는 대대적인 프로파간다를 벌였지만 그들이 넘어가지 않자 미국의 분노는 극에 달했다. 쿠바 선수들은 조국과 동포를 배신할 수 없다고 기자들에게 말

---

9) Justin Burke, et al., *Christian Science Monitor*, July 26, 1995.

했다. 공산주의의 세뇌 공작과 마르크스주의의 파괴적인 영향을 깨뜨리기엔 미국의 분노도 역부족이었다.

미국이 경제 전쟁을 획책하면서 쿠바를 빈곤의 수렁으로 몰아넣었지만 쿠바가 '당신들의 노예'가 될 수 없다며 달러를 거부했다는 사실이 미국인들에게 전해지지 않은 것만도 천만다행이었다. 최초의 독자적이고 과학적인 조사로 여겨지는 1994년 갤럽의 여론조사 결과에서도 쿠바가 미국에 종속될 가능성은 거의 없었다. 그 결과는 마이애미에서 발간되는 에스파냐어판 신문에만 발표되었을 뿐이다. 어쨌든 쿠바인의 88%가 '쿠바인인 것을 자랑스럽게 여긴다'고 대답했고, 58%가 '혁명에서 성공한 부분이 실패한 부분보다 훨씬 크다'고 대답했다. 또 69%는 '혁명가'라고 자처했고(그러나 공산주의자나 사회주의자로 자평한 사람은 21%에 불과했다), 76%는 '현재의 삶에 만족한다'고 대답했다. 그리고 오직 3%만이 '정치 문제가 화급히 해결해야 할 당면 과제'라 생각했다.

공산주의자들의 잔혹 행위라도 밝혀졌다면 기아와 질병으로 많은 사람이 죽어가도록 내버려두지 않고 쿠바에 '민주주의'를 선물하기 위해서 아바나를 대대적으로 공습할 핑곗거리가 되었을 것이다. 그래도 베를린 장벽이 무너진 후 '민주주의'는 쿠바의 목을 조일 새로운 구실이 되었다. 미국은 기어를 변속할 기회를 놓칠 수 없었다. 쿠바는 이제 크렘린의 하수인이 아니었다. 공포에 떨면서도 라틴 아메리카를 접수해서 호시탐탐 미국을 정복할 기회를 엿보던 크렘린은 이제 사라졌다. 30년간의 거짓말들도 역사의 뒤안길로 사라질 수 있었다. 그런데 테러와 경제 전쟁은 과거부터 민주주의를 효율적으로 전파하는 수단이 아니던가! 따라서 우리는 경제봉쇄를 더 강화해야만 했다. 그러나 1994년 10월 미국 의학 저널들에 기고한 건강 전문가들의 주장에 따르면 "지난 세기에 경제봉쇄는 기아와 질병과 죽음을 불러온 사신이었고, 세계에서 가장 혹독한 유행성 신경 질환을 일으킨 주범이었다". 한 전문가는 "식량과 의약품만이 아니라 의료 기구를 생산할 설비를 들이는 것마저 봉쇄함으로써 우리가 그들을 죽이고 있다"고 말했다.

클린턴 정부는 '쿠바민주화법'—국제법을 노골적으로 위반하고 있어 부시는 처음에 거부권을 행사했지만 선거 유세 기간중에 클린턴에 의해 우파에게도 공격당하자 결국 이 법안에 서명했다—을 근거로 해외 우방들에게 쿠바와 교역을 중단할 것을 요구했다. 그 때문에 식량, 의약품, 의료 장비의 90%가 공급되지 않았다. 이런 식의 민주주의 전파 덕분에 쿠바의 보건 수준이 크게 떨어졌다. 사망률이 치솟았고, 쿠바의 공공 건강이 근래 들어 최악의 위기를 맞았다. 의학 저널에 기고한 전문가 중 하나로 국립건강연구소에서 신경성 유행병의 책임연구원을 지낸 학자에 따르면, 제2차 세계대전 당시 동남아시아 열대 지역에 위치한 포로수용소에서 마지

막으로 관찰된 신경성 질환이 쿠바를 휩쓸고 있었다. 한편
콜롬비아 의과대학의 한 교수는 스웨덴제 여과 장치를 예로
들어 경제봉쇄의 파국적 결과를 설명했다. 쿠바는 스웨덴제
여과 장치를 수입해 백신을 생산하고 있었다. 그런데 그 여
과 장치의 일부 부품이 미국인 소유의 회사에서 생산되어 스
웨덴은 여과 장치를 쿠바에 수출할 수 없었다. 결국 살아남
은 사람들에게 '민주주의'를 안겨주기 위해서 생명을 구하
는 백신조차 만들 수 없었던 것이다. [10]

   이처럼 쿠바인을 죽이고 그들에게 고통을 안겨주었다는 사
실 자체가 중요했다. 카스트로의 쿠바가 군사적으로 위협적
인 국가고 인권 탄압국이며 독재국가이기 때문에 미국이 신
경 쓰는 것은 아니다. 미국의 역사에서 해결하지 못한 구원
(舊怨)이 있기 때문이다. 1820년대 아메리카 대륙이 신속하게
접수되고 있을 때, 정치·경제계의 리더들에게 쿠바는 반드
시 접수해야 할 땅으로 여겨졌다. 먼로 독트린의 입안자 존
퀸시 애덤스는 "쿠바는 우리 합중국의 경제·정치적 이익에
무척 중요한 땅이다"라고 주장하면서, 영국의 전쟁 억제력이

---

10) Poll, Maria Lopez Vigil, *Envio* (Jesuit University of Central
   America, Managua), June 1995. Colum Lynch, *Boston Globe*, Spet.
   15, 1994; apparently the only report in the mainstream press. See
   also Alexander Cockburn, *Nation*, Nov. 7, 1994.

약화될 때까지는 에스파냐가 통치권을 유지하겠지만 '정치의 중력 법칙'에 따라 결국 쿠바는 익은 과일처럼 미국의 수중에 떨어질 것이란 제퍼슨의 의견에 동조했다. 20세기 중반, 그 익은 과일에 미국의 농업과 도박 산업이 대대적으로 투자되었다. 그런데 카스트로가 미국의 재산을 강탈하는 사고가 터졌다. 결코 가볍게 넘길 문제가 아니었다. 최악의 경우 도미노 효과가 일어날 위험이 있었다. 예컨대 라틴 아메리카에서 가장 성공적인 의료 서비스를 제공하는 쿠바는 다른 곳에서 고통받는 민중에게 큰 의미를 던져줄 수 있었다. 범죄 행위가 될 수 있다는 사실에는 아랑곳하지 않고 전시효과만을 노리는 계획 입안자들이 즐겨 쓰는 표현을 빌리면, 쿠바가 한 통 속의 다른 사과들까지 못 먹게 만드는 썩은 사과, 즉 다른 나라들까지 감염시키는 바이러스가 될 수도 있다는 두려움이 있었다.

그러나 명망 있는 인사들은 이런 문제들을 거의 언급하지 않았다. 1959년 이후로 그 익은 과일을 정당한 주인에게 되돌리기 위한 전쟁에 대해서도 함구로 일관했다. 심지어 1994년 10월 의학 저널들에 발표된 놀라운 사실도 미국인들에게는 거의 알려지지 않았다. 게다가 같은 달, 유엔총회가 부당한 경제봉쇄의 종식을 요구하는 결의안을 101 : 2라는 압도적인 표차로 통과시켰다는 사실도 보도되지 않았다. 이스라엘만이 미국의 편을 들었다. 최근 들어 워싱턴의 협조를 얻어 민주주의를 향한 성전(聖戰)에 돌입한 알바니아, 루마니아, 파라과이조차 미국에 등을 돌렸다.

최근에 해방을 맞은 동유럽이 서유럽의 부자 나라들과 하나가 되리라는 것은 상식이다. 그런데 궁금한 것이 있다. 냉전 시대는 그렇다손 치더라도 지난 500년 전부터 동유럽과 서유럽이 하나가 되지 못한 이유가 무엇일까? 동유럽 지역은 대부분 옛날부터 서유럽 지역보다 상대적으로 낙후되었고, 20세기에 들면서는 그야말로 '제3세계'가 되었다. 따라서 먼 옛날의 상태로 되돌아갈 수도 있다는 전망이 전혀 불가능한 것은 아니다. 즉 옛 공산 지역 중에서 산업화된 서유럽과 원래 가깝던 지역—폴란드의 서부, 체코 공화국 등—은 점진적으로 서유럽과 재결합되겠지만 다른 지역들은 과거처럼 부유한 산업 국가들에 자원을 공급하는 땅으로 되돌아갈 가능성이 없지 않다. 그렇다고 그 지역이 그런 역량밖에 없다는 뜻은 아니다. 그 원인은 1914년 1월 윈스턴 처칠이 내각의 동료들에게 제출한 보고서에서 찾을 수 있을 듯하다.

우리는 **깨끗한 기록**과 빈약한 유산을 가진 젊은 청년이 아니다. 우리는 세계의 부와 교역에서 **압도적으로 큰 몫**을 차지해왔다. 우리는 어떤 땅에서나 우리가 원하는 것을 얻었다. 막대한 재산을 어떤 방해도 받지 않고 마음껏 즐기려는 우리 요구는 다른 나라들이 보기에 정당하지 못한 것으로 종종 여겨지는 듯하다. **아마도**

그 재산들이 주로 폭력을 동원해 획득되고 무력으로 유지해왔기 때문
이리라.

영국과 같은 신사의 나라에서도 이처럼 정직한 보고서는
드문 것이었다. 처칠도 알았겠지만 위의 보고서에서 고딕으
로 처리된 부분이 없었다면 이 보고서는 아무런 문제 없이
통과되었을 것이다. 그러나 처칠은 1920년대에 『세계의 위
기(The World Crisis)』를 통해 이 보고서를 공개할 때 고딕으로
처리된 부분을 삭제해야 했다. [11]

공산주의가 몰락한 배경을 해석하는 방법들을 분석해보는
것도 흥미로운 일이다. 공산주의가 괴물로 변해버렸다는 것
은 의심할 여지가 없는 사실이다. 실제로 초기 학자부터 러
셀과 듀이와 같은 독자적인 인물들로 대변되는 아나키스트
나 좌파 마르크스주의자들에 이르기까지 대다수가 이런 기
형화를 예언하기도 했다. 전제정치의 붕괴는 자유와 인간의
존엄성에 가치를 두는 사람에게 즐거워할 기회만은 아니었
다. 그러나 문제는 '계획경제의 실패가 자본주의의 우월성을
증명해주는 단적인 증거일까?'라는 문제로 좁혀진다. 간단
히 서독, 프랑스, 영국, 미국, 소련과 그 위성국들을 비교해

---

11) Clive Ponting, *Churchill* (Sinclair-Stevenson 1994), 132.

보면 답이 나온다고 말한다. 따라서 증명 끝! 이 문제를 두고 왈가왈부 따지는 것은 지적인 장난에 불과하다. 연구의 전제부터 너무나 자명해서 논증할 필요가 없을 정도다.

적용 범위를 넓히면, 매사추세츠 케임브리지에서 유치원 교육은 참혹한 실패를 거듭하고 있는 데 반해서 MIT대학은 눈부신 성공을 거둔 것도 똑같은 논리로 증명될 수 있다. 간단히 말해서 유치원에 입학하는 아이들이 MIT의 박사들과 비교해서 양자물리학을 어느 정도나 이해하고 있을까 생각해보면 끝이다.

이런 식으로 논증을 전개하는 사람들은 정신 치료를 받아야 마땅하다. 분명한 오류를 범하고 있다. 정상적인 평가라면 케임브리지 유치원의 졸업생들은 같은 수준의 교육기관을 졸업한 아이들과 비교되어야 한다. 따라서 소련의 계획경제를 자본주의 경제와 비교해서 평가하려면 두 발전 모델의 '실험'이 시작되었을 때 동유럽 국가들과 비슷한 수준에 있던 나라들과 비교해야 마땅하다. 따라서 서유럽은 비교 대상이 될 수 없다. 서유럽이 동유럽과 비슷한 수준에 있던 때는 거의 500년 전으로 거슬러 올라간다. 적정한 비교 대상국은 러시아와 브라질, 불가리아와 과테말라가 될 수 있을 것이다. 하지만 동유럽은 미국의 위성국으로서 어떤 혜택을 전혀 누리지 못했기 때문에 이런 비교도 공산 진영에서는 불공정한 비교라 생각할 수 있다. 어쨌든 합리적 비교를 해보면 공산주의 경제 모델도 재앙이었지만 서구의 경제 모델은 재앙의 수준을 넘어 거의 파멸적 실패였다는 결론이 내려진다. 약간의 차이와 복잡한 변수가 있기는 하지만 기본적인 결론은 달라지지 않는다.

이런 기본적 비교 원칙조차 지켜지지 않은 이유가 무엇이었을까? 이런 식의 분석에 대한 반응도 이해하기 힘들었다. 이런 의문을 파헤쳐보면 자유주의 사회의 이데올로기 시스템에 대한 미스터리가 어느 정도 풀린다. [12]

동유럽의 대다수 국가들은 서구 세계를 위한 자원 공급국 역할에 그친 다른 지역 국가들의 모습을 그대로 답습하고 있다. 선전용으로 삼는 듯한 일부 예외적 국가를 제외하면 대다수 국가가 그 상태를 벗어나지 못하고 있었다. 산업 사회로 발전되어가는 긴 역사에서 보면 이런 현상은 십분 이해된다. 예일대학교의 노동운동 역사학자 데이비드 몽고메리(David Montgomery)에 따르면 근대 미국은 '노동자들의 저항'으로 이룩된 나라다. 뜨거운 몸싸움 이외에도 격렬한 항의가 있었다. 노동조합이 붕괴되던 1920년대에 '가장 비민주적인

---

12) 두 경제체제의 비교와 이 문제에 대한 문헌은 *Year 501* (South End, 1993)과 *World Orders, Old and New* (Columbia, 1994)를 참조할 것. 이런 비교에 대한 반응을 살펴보는 것도 흥미로운 일이지만 여기서는 생략한다.

미국'에 어쩔 수 없이 순응하기도 했지만 힘들게 쟁취한 승리들이 있었다.

노동자들의 목소리는 19세기 중반부터 제2차 세계대전까지 전성기를 누리던 노동계 언론과 지역 언론을 통해서 분명하게 전달되었다. 그러나 그후 노동자의 목소리를 대변하던 언론들은 공권력과 민간 기업의 힘 앞에서 여지없이 무너지고 말았다. 그래도 1950년대까지 800여 종의 친(親)노동자 신문들이 2000만~3000만 독자를 등에 업고 미국인들을 대기업에 팔아 넘기려는 기업의 공세에 맞서 싸웠다. 또 인종차별적 증오심과 온갖 반민주적 독설과 행위를 폭로하고, 온갖 기회를 활용해서 노동계를 저주하면서도 정작 이 나라를 지배하는 금융계와 산업계 거물들의 범죄는 애써 모른 체해버리는 어용신문들, 즉 상업주의에 물든 신문들의 독(毒)을 해소하는 데 전력을 기울였다.[13]

---

13) Montgomery, *The Fall of the House of Labor* (Yale, 1987), 7; Jon Bekken, in Solomon&McChesney, 앞의 책. Fones-Wolf, 앞의 책. 수년 후 영국에서 발간된 노동자 신문에 대해서는 Edward Herman&N. Chomsky, *Manufacturing Consent* (Pantheon, 1988), 1장과 2장을 참조할 것.

저항의 목소리
Voices of Resistance

국가 자본주의의 전횡에 맞선 민중의 저항운동과 민중의 웅변적 목소리는 보통 사람들의 목표와 비전에 대해 우리에게 많은 것을 가르쳐준다. 쉽게 말해서 그들이 세상을 어떻게 이해하고 무엇을 바라는지 말해준다. 19세기 노동계 언론을 처음 집중적으로 연구한 노먼 웨어(Norman Ware)의 책은 70년 전에 출간되었다. 내가 아는 한 이 책은 지금까지도 그 주제를 다룬 유일한 연구서다. 웨어는 아메리카의 아테네이자 대학들의 산실인 보스턴 근처의 산업도시들에서 일하던 기계공들과 '팩토리 걸(factory girl)'들이 설립하고 운영한 신문들을 집중적으로 다뤘다. 그 도시들은 지금도 여전히 존재하지만 그 도시들을 건설해서 미국을 부유하고 강한 나라로 만들려던 사람들의 비전이 퇴색한 만큼 그 도시들도 크게 쇠퇴한 모습이다.

그 신문들은 기업이 노동자들에게 요구한 가치관이 얼마나 이질적이고 무리한 것인지 잘 보여준다. 따라서 노동자들은 정상적인 인간이기를 포기할 수 없어 기업의 요구를 완강히 거부했다. 웨어는 "그들이 신랄하게 비난한 '새로운 시대정신'은 초기 미국 공동체에서 대다수 사람들에게 반발을 불러일으켰다"고 지적했다. 주된 이유는 '산업 노동자의 몰인간화'와 그에 따른 심리적 변화, 존엄성과 자주성의 상실, 민주적 권리와 자유의 상실, 즉 공권력과 기업이 필요에 따라 폭력까지 동원해서 강요한 산업자본주의의 가치관 때문이었다.

기계공과 노동자에게는 한때 세계를 끌어간다는 자부심이 있었다. 그런데 그런 자부심이 무너졌다. 그들만의 문화가 사라졌고 성취감도 기대할 수 없었다. 심지어 인간의 존엄성마저 보호받지 못했다. 그들은 '임금 노예'로 전락하고 말았다. 남부의 플랜테이션에서 뼈 빠지게 일하는 노예들과 크게 다를 바가 없었다. 그들이 생산하는 것을 팔지 못하고 그들의 몸과 영혼을 팔아야 했다. 전제군주의 '비굴한 신하'가 되고 '머슴'이 되어야 했다. 그들은 이렇게 달라진 현실을 개탄했다. 그들이 "돈 많은 귀족들에게 가난하고 불운한 사람들을 억압하고 노예화시킬 권리가 어디에 있냐고 대담하게 의문을 제기하면 죽일 듯이 위협하면서 우리 목을 죄고 있다"고 한탄했듯이 자유 정신이 훼손되면서 노동자들은 '예속의 상태'로 떨어졌다.

고급 문화의 급속한 몰락도 눈에 띄는 현상이었다. 이런 몰락도 민주주의와 인권의 탄압과 무관하지 않았다. '팩토리 걸'들은 매사추세츠 농장에서 일할 때는 여가 시간에 고전문학과 당시의 문학작품을 즐겨 읽었다. 가내공업을 영위하던 기술자는 여윳돈이 있으면, 그가 일하는 동안에 책을 읽어주는 소년을 고용했다. 이처럼 고상한 습관을 사람들의 머리에서 몰아내기란 결코 쉬운 일이 아니었다. 그래서 최근에도 한 명망 있는 지식인이 누구나 인터넷에 접속할 수 있는 인터넷의 민주화를 빈정대며 은근히 반대한 것이 아니겠는가!

가난한 사람들이 원하는 정보는 여과 없이 얻을 수 있다고 상상해보라. 그들에게 양질의 정보를 더 많이 전해주려는 학교, 도서관, 언론의 노력에 그들은 십중팔구 저항할지도 모른다. 이런 저항에서 그들이 가난할 수밖에 없는 이유가 설명된다.

그 지식인은 그들의 열성적 유전자까지도 설명된다는 말을 덧붙이고 싶었을지 모른다. 하여간 편집자들은 이 글에서 뛰어난 통찰력을 보았는지 특별히 박스 기사로 처리해 부각시켰다. [14]

노동자 신문들은 언론, 대학, 지식인 계급을 '돈에 팔린 성직자'라며 신랄한 비난을 퍼부었다. 요컨대 지배력을 강화하기 위한 억압을 합리화시키고 천박한 가치관을 주입시키려는 권력자들의 입장을 대변하는 앞잡이에 불과하다는 뜻이었다. 노동자들은 급진적 지식인들에게 도움을 받지 않고도 "제분공장에서 일하는 노동자들이 제분공장을 소유해야 한

---

14) George Melloan, *Wall Street Journal*, May 16, 1994.

다!"고 주장했다. 이런 식으로 그들은 민주주의의 땅에 뿌리
내리고 있던 '군주제적 원리'를 극복해나갔다. 몇 년 후, 이
주장은 조직적인 노동운동의 슬로건이 되었다. 심지어 다소
보수적인 조직에서도 똑같은 목소리를 내기 시작했다. 노동
조합이 주최한 피크닉에서 행한 연설에서 헨리 데마레스트
로이드(Henry Demarest Lloyd)는 "노동운동의 소명은 인간을
시장의 미혹과 원죄에서 구해내는 것이며, 시장의 원죄에서
비롯되는 가난을 철폐하는 것이다. 이런 목표는 민주정치의
원리를 경제에도 확대할 때 비로소 성취될 수 있다"고 선언
하며, "노동하는 사람들이 노동 시간, 고용 조건, 생산 과정
의 분할 등을 결정해야 한다"라고 덧붙였다. 데이비드 몽고
메리는 로이드의 이런 주장을 '1893년 미국노동총연맹 총회
에 보내는 호소'라 칭했다. 요컨대 로이는 "산업의 지휘관은
노동자에 의해 선출돼야 하며, 그 지휘관은 주인이 아니라
서번트(servant, 노동자를 위해 봉사하는 사람)가 되어야 한다. 노동
은 모든 사람들의 행복을 위한 방향이어야 한다 … 이것이
바로 민주주의이다"라고 말했다. [15]

　물론 이런 생각은 좌파 자유주의자들의 사상과 유사했지만

---

15) Ware, *The Industrial Worker 1840~1860* (Chicago: Ivan Dee, 1990,
　　reprint of 1924 edition); Montgomery, *Citizen Worker* (Cambridge,
　　1993).

지배계급의 이념과는 상충되었다. 게다가 지배계급에서는 좌파, 우파, 중도파 등의 분류가 무의미하다. 따라서 이런 사상은 인류의 역사에서 무수히 억압당했지만 잡초처럼 끈질기게 되살아난다.

고전적 자유주의의 창시자들이었다면 이런 가치관에 기꺼이 박수를 보냈을 것이다. 근대 영국의 초기에 그랬듯이 뉴잉글랜드의 산업도시들에서 노동자들의 저항은 분업에 대한 아담 스미스의 예리한 비판을 실증적으로 보여준 예다. 아담 스미스는 자유와 창의성을 중시한 계몽주의 사상을 받아들이면서 "인간의 이해력은 일반적인 고용 형태에 의해 크게 좌우된다"고 지적했다.

단순한 작업을 하면서, 그 결과가 같거나 거의 같은 일을 하면서 시간을 보낸 사람은 이해력을 활용할 기회를 갖지 못한다 … 우둔하고 무지한 인간으로 변해갈 것이다 … 하지만 모든 발달된 문명 사회에서 노동하는 가난한 사람들, 즉 대다수 국민이 필연적으로 이런 지경에 떨어지고 말 것이다. 정부가 이런 사태를 막기 위해 수고하지 않는다면 말이다.

아담 스미스는 경제의 파괴적인 힘을 막기 위해서라도 정부가 나서야 한다고 믿었다. 훔볼트는 밀에게 큰 영향을 준 고전적 저작에서 "기술자가 주문받은 아름다운 예술품을 만들지만 우리는 그의 예술품을 칭찬하면서도 그의 직업을 천시한다"고 말했다. 달리 말하면 기술자는 자유로운 인간이 아니라 다른 사람들을 즐겁게 해주기 위한 도구에 불과했다. 그러나 훔볼트는 "정원을 돌보는 노동자가 그 열매를 맥없이 즐기는 사람보다 진정한 의미에서 정원 주인이다"라고 말했다. 참된 보수주의자들도 시장의 힘을 빈틈없이 견제하지 않는다면 인간의 삶에서 가치 있는 것이 파괴될 것이라고 거듭해서 경고했다. 예컨대 알렉시스 드 토크빌은 반세기 전에 있었던 스미스와 훔볼트의 주장을 그대로 답습하면서, "바늘에 구멍을 뚫으면서 20년을 보낸 사람에게 무엇을 기대할 수 있겠는가?"라고 물으며 "기술은 발전했지만 기술자는 퇴보했다"고 한탄했다. 토크빌은 아담 스미스처럼 조건의 평등을 중요하게 여겼고, 조건의 평등이 미국 민주주의의 초석이라 평가하며 "조건의 불평등이 계속되어 고착화된다면 인류 역사상 가장 몰인정한 계급으로 하루가 다르게 성장해가는 제조업의 귀족들이 그 경계를 벗어나 민주주의의 종말을 초래할지도 모른다"고 경고했다. 제퍼슨도 "빈곤의 만연과 부의 집중은 민주주의와 양립할 수 없다"며 조건의 평등을 기본적인 명제로 삼았다. [16]

16) Von Humboldt, see my *Cartesian Linguistics* (Harper&Row, 1966), 'Language and Freedom', 1969, reprinted in *For Reasons of State*

고전 자유주의의 창시자들이 비난한 파괴적이며 몰인간적인 시장의 힘이 경외의 대상은 된 것은 19세기 초에 불과하다. 리카도를 비롯한 고전 경제학자들이 '중력의 원리'까지 들먹이며 신성시하던 시장의 힘이 산업화 과정에 들어선 영국에서 벌어진 계급투쟁의 한 원인이었다. 그후 인간의 정신과 벌이는 끝없는 전쟁이 새로운 형태로, 그러나 훨씬 잔혹한 방향으로 시작되면서 시장의 힘을 옹호하는 세력이 부활했다.

당시에도 경제 현상의 뉴턴법칙은 오늘날만큼이나 연구의 대상이었다. 이 문제를 다룬 경제사학자들은 희소성의 가치를 갖지만 이에 관련된 연구들은 뉴잉글랜드가 값싼 영국 상품에 문호를 개방했다면 뉴잉글랜드의 산업체 절반이 문을 닫았을 것이라는 데 한결같이 동의한다. 영국 산업체들이 공권력의 막대한 지원을 받고 있었기 때문이다. 공권력의 기업 지원은 오늘날도 마찬가지다. '경제 자유주의'와 그런 이데

(Pantheon, 1973) and James Peck, ed., *The Chomsky Reader* (Pantheon, 1987). Also *Problems of Knowledge and Freedom.* Smith, see Patricia Werhane, *Adam Smith and His Legacy for Modern Capitalism* (Oxford, 1991), and *Year 501.* De Tocqueville, Jefferson, see John Manley, 'American Liberalism and the Democratic Dream', *Policy Studies Review* 10.1, 1990; 'The American Dream', *Nature, Society, and Thought* 1.4, 1988.

올로기가 조장하는 '기업가 가치'라는 현란한 수식어를 걷어내고 그 진실을 들여다보려는 사람이라면 어렵지 않게 확인할 수 있는 현상이다.

존 듀이와 버트런드 러셀은 계몽주의와 고전 자유주의의 전통을 물려받은 20세기의 사상가다. 이 전통은 노동자들이 국가의 지원을 받은 민간 자본의 독재에 맞서 자유와 정의를 유지하고 확대하려던 투쟁의 역사에서, 그리고 그들의 조직적인 운동과 생각에서 생생하게 살아 있다.

말년에 토머스 제퍼슨은 '제조업의 귀족들'이 새롭게 부상하는 것을 보고 민주주의의 실험이 파국적 운명을 맞을 수 있다고 염려하며, '귀족정치주의자'와 '민주주의자'를 구분했다. 귀족정치주의자는 '국민을 두려워하고 불신해서 국민에게서 모든 힘을 빼앗아 상류계급의 손에 안겨주길 바라는 사람'이었고, 민주주의자는 '국민과 일체가 되어 국민을 신뢰하고 소중히 여기며, 공공 이익의 안전하고 정직한 수탁자로 생각하는 사람'이었다. 그 시대에 귀족정치주의자는 자본주의 국가를 옹호하는 사람들이었다. 그러나 제퍼슨은 민주주의와 자본주의, 더 정확히 말하면 공권력과 밀접한 관계를 맺고 있는 '실재하는 자본주의(really existing capitalism)'는 양립할 수 없는 제도라 여겼다.

귀족정치주의자에 대한 제퍼슨의 정의를 미하일 바쿠닌(Mikhail Bakunin)은 더욱 세련되게 다듬었다. 바쿠닌은 지식인이란 새로운 계급이 평행한 두 길 중 한 길을 걸을 것이라 예언했다. 지식인들은 민중 투쟁을 이용해 국가권력을 장악해서 역사상 가장 잔인하고 패덕한 체제를 강요하는 '붉은 관료(Red bureaucracy)'들로 변할 수도 있지만, 한편으로는 힘이 다른 곳에 있다는 것을 재빨리 깨닫고 '돈에 팔린 성직자'로 자처하며 국가 자본주의 민주주의 체제하에서 '민중의 지팡이로 민중을 때리는' 관리자나 변명자가 되어 진짜 주인을 섬기는 사람으로 변할 수도 있다는 예언이었다.

바쿠닌의 예언은 사회과학에서 소름이 끼칠 정도로 앞날을 정확히 내다본 극소수 예언 중 하나였다. 이런 이유만으로도 바쿠닌의 예언은 명예의 전당에서 한 자리를 차지할 자격이 충분하다. 그때가 언제일지는 모르지만….

모진 사랑
Tough Love

요즘 들어 '신자유주의'나 '경제의 합리주의'라 일컬어지는 이데올로기가 리카도, 맬서스 등에 의해 골격을 갖춘 때와 현 시점은 섬뜩할 정도로 유사한 점이 있다. 리카도 등의 임무는 민중에게 그들이 어리석게 믿고 있는 바와 달리 그들에게는 아무런 권리도 없다는 사실을 알려주는 것이었다. 실제로 그런 사실은 '과학'으로 증명되었다. 자본주의 이전 시대의 문화가 저지른 중대한 오류는 민중이 사회에서 취약하기는 하지만 나름대로 중요한 의미를 갖는 위치를 차지하며, 그에 따른 권리도 갖는다는 믿음이었다. 그런데 새로운 과학이 등장하면서 '살 권리'라는 개념이 논리적 오류라는 사실이 증명되었다. 따라서 민중에게는 시장에서 행운을 실험하는 권리 이외에 어떤 권리도 없다는 사실을 집요하게 설명해 줄 필요가 있었다. 독자적으로 보유한 재산도 없고 노동시장에서 살아남을 수 없는 사람은 '한 줌의 음식도 요구할 권리가 없고, 현재 몸담은 곳에 있을 자격도 없는 사람'이라고 맬서스는 주장했다. 한편 리카도는 가난한 사람들을 오도해서 더 많은 권리를 누릴 수 있다는 믿음을 심어주는 행위는 해악(害惡)인 동시에 자연법칙을 거부하는 것이라고 주장하며, 경제 원리와 기본적인 합리성 그리고 도덕률에 대한 무모한 공격이라 평가했다. 어떤 면에서 그들의 메시지는 단순했다. 선택의 자유는 있다. 노동시장, 노역장, 죽음 중에 하나를 선택하면 된다. 이도 저도 싫으면 다른 곳을 찾아 떠나라. 원주민들을 죽이고 추방한 덕분에 드넓은 공간이 열렸으니 어디로든 못 가겠느냐! 대략 이런 식이었다.

'인간의 행복'을 위해 경제학의 창시자들만큼 헌신한 사람들은 없었다. 그들은 이를 위해 선거권의 확대까지 요구했다. 하지만 리카도의 설명처럼, 사실상 모든 사람들을 위한

것이 아니라 '재산권의 전복을 꾀하지 않을 소수의 사람들'
을 위한 것이었다. 심지어 리카도는 "선거권을 극소수의 집
단에만 허용해서 훌륭한 의원을 더 안전하게 선택할 수 있다
는 사실이 입증된다면 더 강력한 제한 조치를 취해야 마땅하
다"고 주장하기도 했다. 이와 비슷한 생각들이 오늘날까지
계속되고 있다. [17)]

경제의 합리주의가 체계화되어 강요되었을 때 어떤 일이
벌어졌는지 기억할 필요가 있다. 언제나 그랬듯이 이중적인
면을 띠었다. 약한 사람들에게는 시장법칙이 가차없이 적용
되었고, 필요할 때마다 부자와 특권계급을 보호하려는 정부
의 개입이 있었다. 1830년대에 이 새로운 이데올로기는 눈부
신 승리를 거두었고, 그후로도 승기를 놓치지 않았다. 그러
나 약간의 문제가 있었다. 민중이 그들에게는 고유한 권리가
없다는 가르침을 고분고분 받아들이지 않았다. 어리석고 무
지한 민중이 그들에게는 살 권리가 없다는 단순한 진리를 이
해하지 못하고, 온갖 불합리한 방법으로 저항운동을 벌였다.
그 때문에 영국 군대는 폭동을 진압하는 데 소중한 에너지를
허비해야 했다. 그런데 아주 불길한 조짐이 나타나기 시작했
다. 민중이 조직화되기 시작한 것이다. 차티스트 운동과 그

---

17) Rajani Kanth, *Political Economy and Laissez-Faire* (Rowman and
Littlefield, 1986); see *World Orders*, for further discussion.

후의 노동운동은 대단한 세력으로 발전했다. 그때야 주인들은 놀라는 기색을 띠면서 '우리'가 그들에게 살 권리를 부인할 수 있듯이 그들이 우리에게 지배할 권리를 부인할 수 있다는 사실을 깨닫기 시작했다. 그로 인해 중대한 변화가 있었다.

다행히 해결책은 있었다. '과학'이 뉴턴법칙의 경직성에서 벗어나 융통성을 띠며 변하기 시작했다. 19세기 중반 존 스튜어트 밀, 정통론의 대들보이던 나소 시니어(Nassau Senior)처럼 강직한 인물들의 손에서 과학은 완전히 다른 모습으로 탈바꿈했다. 그때부터 중력법칙에는 훗날 자본주의 복지국가의 기본 원리, 오랫동안 힘겨운 투쟁 끝에 얻어낸 일종의 사회 계약이 포함되었다. 그밖에도 의미 있는 변화가 적지 않았다.

그런데 요즘 들어 역사의 흐름을 되돌려서 경제의 합리주의가 잠시나마 득세하던 시대로 돌아가려는 시도가 있었다. 민중에게 노동시장에서 얻을 수 있는 것 이상으로 요구할 권리가 없다는 근엄한 목소리가 다시 들리기 시작했다. 이제 노동자에게는 달리 갈 곳이 없기 때문에 선택의 폭이 더 좁아졌다. 노역장에 가거나 굶어 죽는 수밖에 없다. 가난한 사람을 도우려는 시도는 가난한 사람을 더욱 힘들게 할 뿐이다. 반면에 부자는 공권력의 도움을 받는다. 그렇게 찬양하던 멕시코의 경제 기적이 몰락하자 투자자들을 구출하기 위해서, 무너져가는 금융계와 산업계를 지원하기 위해서 공권력이 간섭하고 나선다. 실제로 1980년대 미국의 철강, 자동차, 전자 산업이 재건할 기회를 주려고 일본이 미국 시장에 진출하는 것을 막지 않았던가! 사방에서 자유시장을 부르짖으면서도 정작 미국 정부는 국내 산업을 지키려고 제2차 세계대전 이후로 가장 보호주의적인 입장을 띠지 않았던가. 이런 예는 빙산의 일각에 불과하다. 하지만 다른 나라들에게는 경제의 합리주의라는 원칙이 무자비하게 강요되었다. 그 덕분에 짭잘한 이익을 거둔 기업들은 요즘 들어 그런 원칙을 '모진 사랑'이라 칭한다.

결코 풍자적인 표현이 아니다. 풍자일 수가 없다. 마크 트웨인(Mark Twain)이 제국주의를 신랄하게 비판했지만 오랫동안 묻혀 있던 글에서, 필리핀인을 학살한 영웅들 중 한 사람을 어떻게 비꽈야 할지를 몰라 절망하던 목소리가 귀에 쟁쟁한 듯하다. "펀스턴을 어떻게 빈정거려야 속이 후련할지 모르겠다. 펀스턴 자체가 풍자의 극한을 보여준 풍자의 화산이 아닌가!"

일간신문의 1면을 차분하게 차지한 기사들은 진정으로 자유롭고 민주적이고 지적인 문화를 가진 사회에서는 온몸에 소름이 돋게 만들면서도 쓴웃음을 짓게 만들기에 충분하다. 예를 들어 세계에서 가장 부유한 나라의 경제 수도인 뉴욕 시를 생각해보자. 뉴욕 시장 루돌프 줄리아니(Rudolph W.

Giuliani)는 최근에 자신의 세제 정책을 노골적으로 밝혔다. 조세 부담을 크게 줄여주는 정책이었다. 그러나 부자들에게는 세금을 깎아주고 가난한 사람들에게는 세금을 올려주는 정책이었다. 이런 발표에 뉴욕 타임스는 "줄리아니 시장의 모든 감세 정책은 기업 활동에 큰 도움이 될 것이다"라며 조그맣게 보도하는 데 그쳤다. 그런데 아이들과 노동자들의 교통비를 올리고 시립학교의 수업료를 인상한 까닭에 가난한 사람의 부담은 더 커졌지만 이런 사실에 대한 분명한 지적은 없었다. 결국 공공의 이익을 위해 투자되는 공공 기금을 대폭 삭감함으로써 줄리아니의 감세 정책은 가난한 사람들에 '다른 곳을 찾아가라!'고 떼미는 것이나 마찬가지였다. 뉴욕 타임스는 '줄리아니, 복지 기금 삭감으로 이동의 가능성을 제고하다'라는 교묘한 표제로 시작한 기사에서 "줄리아니의 정책으로 뉴욕 시민은 이 나라를 자유롭게 이동할 수 있게 되었다"고 이상한 논평을 실었다. [18]

고전 자유주의의 창시자들이 엄밀하게 입증된 명제들로 예언했듯이, 복지와 공공 서비스라는 족쇄에 묶여 있던 가난한 사람들이 마침내 그 족쇄에서 해방된 것이었다. 그들을 해방시켜야 모든 사람들에게 이익이었다. 적어도 새로운 경

---

18) David Firestone, *New York Times*, April 29; tax cuts, Steven Lee Myers, *New York Times*, April 28, 1995.

제학은 그렇게 말했다. 이런 경제의 합리성이 구현될 때 가난한 사람을 향한 동정이 우리를 눈물짓게 만들며 더욱 빛날 테니까.

이렇게 해방된 가난한 사람들은 어디로 가야 할까? 도시 외곽의 빈민가로 가는 수밖에 없으리라. 그리고 세계에서 가장 부유한 도시에서 즐기며 살 권리가 있는 사람들을 위해 더럽고 하찮은 일을 하느라 도심과 외곽을 들락거려야 할 것이다. 한마디로 뉴욕은 과테말라보다 불평등이 심한 곳이다. '모진 사랑'이란 새로운 정책이 도입되기 전에도 아동의 40%가 빈곤선 이하에서 살아가는 도시였다.

가난한 사람들에게 아낌없이 베풀어지는 혜택이 없다고 투덜대며 동정심이 많은 척하는 사람들도 다른 대안은 있을 수 없다는 현실을 이해해야만 했다. 뉴욕 타임스가 전문가의 의견이라며 1면에 게재한 기사에서 보듯이, "몇 년 후면 뉴욕은 한층 부유해지고 경제적 부흥을 이뤄내 제2의 대공황기에 시작한 광범위한 공공 정책의 재원을 마련할 수 있으리라 생각한다"는 가르침을 받아들여야 했다.

경제적 활력이 떨어진 것은 사실이었다. 그러나 금융 분야를 활성화시키면서 제조업의 기반을 무너뜨린 도시 개발 프로그램의 결과이기도 했다. 뉴욕 시의 부는 다른 문제였다. 뉴욕 타임스가 인용한 전문가 의견은 『포춘』에서 1995년 500대 기업 중 다섯 번째 금융회사로 선정되었지만 1994년에만

12억 달러의 적자를 본 J.P. 모건이 투자자들에게 보낸 보고
서였다. 500대 기업이 평균적으로 2.6%의 고용 증가와 8.2%
의 영업 이익을 기록했다며 『포춘』이 1994년을 '미국 기업
들에게 가장 즐거웠던 한 해'라고 정의한 것에 비하면 1994
년은 J.P. 모건에게 혹독한 한 해였다. 『포춘』의 기사에 따르
면 1994년이 '미국 기업들에게 기념비적인 해'라 환호하면
서도 "미국의 가계 수입은 실질적으로 떨어진 듯하다"라고
얼버무리고 넘어갔다. 실제로 1994년은 기업이 4년째 두 자
릿수 이익 성장을 기록한 반면에 실질임금은 14년째 떨어진
해이기도 했다. 『포춘』이 선정한 500대 기업은 GNP의 3분
의 2에 근접하는 매출을 기록하면서 새로운 전성기를 맞고
있었다. 독일이나 영국의 GNP를 넘어서면서 세계 경제를 마
음대로 주무르는 권력자였다. 이런 무책임한 민간 독재자들
에게 힘이 집중되면서 민주주의와 시장은 큰 타격을 받지 않
을 수 없었다. [19]

우리는 지금 '메마르고 상스러운 시대'에 살고 있다. 모두
허리띠를 바짝 졸라매야 한다. 기도해봤자 소용이 없다. 전
세계가 자본의 파도에 시달린다. 『비즈니스 위크(Business
Week)』의 표현을 빌리면 '미국 주식회사의 금고가 엄청난 이

---

19) *Fortune*, May 15, May 1; *Business Week*, March 6, 1995.

익으로 넘쳐흐른다'. 1994년 4/4분기에 미국 기업들이 기록
적인 이익률을 기록했다는 환호성이 있지 않았는가. 『비즈니
스 위크』가 제시한 기업성적표에 따르면 900대 기업의 이익
이 71%라는 성장을 기록했다. '모진 사랑'이 판을 치는 시
대에 이제 해방된 민중은 대체로 어디로 가야 할까?

'모진 사랑'은 "부자에게는 사랑을, 그밖에 모든 사람에
게는 모질게"라는 말로 요약된다. [20]

지난 20년 동안 사회, 경제, 정치, 이데올로기 등의 전선에
서 벌어진 전쟁으로 권력의 추가 진짜 주인의 손으로 넘어갔
다. 요즘 세상을 지배하는 담론의 지적 수준은 경멸할 가치
조차 없다. 도덕적 수준은 입에 담기도 부끄러운 지경이다.
그러나 그 뒤에 감춰진 생각을 예상하기란 그다지 어렵지 않
다. 바로 우리가 지금 처한 상황이다.

과거에 항상 그랬듯이 우리는 제퍼슨적 의미에서 민주주의
자의 길을 택할 수도 있지만 반대로 귀족정치주의자의 길을
택할 수도 있다. 귀족정치주의자의 길은 넉넉한 삶을 보장한
다. 부와 특권과 권력이 있는 곳이기 때문이다. 반면에 민주
주의자의 길은 투쟁의 길이다. 그 투쟁은 쓰라린 패배를 겪
기도 하겠지만, '돈을 벌어라! 너만을 생각하라!'는 새로운

---

20) *Business Week*, Jan. 30; May 15, 1995.

시대정신에 굴복한 사람들은 상상조차 할 수 없는 보상을 받는다.

오늘날의 세계는 토머스 제퍼슨이나 19세기 중반의 노동자들이 생각하던 세계와 거리가 멀다. 우리가 어떤 길을 선택해야 하느냐는 당위성은 근본에서 조금도 바뀌지 않았다.

3.
새로운 세계 질서에서 민주주의와 시장

Democracy
and
Markets
in
the
New
World
Order

변하지 않는 진실
Enduring Truths

새로운 시대가 우리 눈앞에 펼쳐지고 있다. 이 새로운 시대가 약속하는 미래는 이미 우리 귀에 익숙하다. 1993년 9월 국가안보보좌관 앤서니 레이크(Anthony Lake)가 클린턴 독트린을 발표하면서 분명히 천명했던 세계다. 그때 그는 "냉전이 끝나면서 우리는 시장 민주주의에 대한 위협을 종식시켰다. 이제 우리는 그 영역을 넓힐 방법을 모색해야 한다"라고 말했다. 그리고 1년 후에는 "지금 우리 앞에 전개되고 있는 새로운 세계가 민주주의와 열린 시장의 승리를 더욱 공고히 할 수 있는 절호의 기회를 제공하고 있다"고 덧붙였다.

레이크가 간접적으로 인정했듯이 이 문제는 냉전보다 어렵다. 지도자와 정부가 국민을 악용하거나 학대하지 않고 자유와 기회를 보장해주기 위해 존재하는 '너그러운 사회'에서는 파시즘과 공산주의에 맞서 자유와 정의를 지키기만 하면 충분했다. 이런 사회가 미국이 세계 방방곡곡에서 보여주는 '일관된 얼굴'이고, 미국이 지금 이 순간 대외적으로 천명하는 이상이기도 하다. 새롭게 맞은 세계에서도 이 '변하지 않는 진실'을 정말로 견지한다면 우리는 역사적 소명을 더 효과적으로 추진할 수 있고, 바야흐로 견제에서 확대로 지평을 넓혀가려는 '너그러운 사회'를 위협하는 잔당들에 굳건히 맞설 수 있을 것이다. 또 "우리가 무력과 전복과 억압에 기대지 않고 설득과 공감 등 평화적 수단으로 우리 제도를 넓혀가려 한다"는 점에서 미국이 역사상 누구나 인정하는 유일한 강대국이란 사실은 더 나은 세계를 만들어가는 절호의 기회일 수 있다. [1]

이런 전통적인 진실이 명쾌하게 재천명되자 정치 평론가들은 당연히 박수로 환영했다. 1년 전, 뉴욕 타임스의 토머스 프리드먼 외교 담당 수석기자는 "냉전에서 미국의 승리는 정치·경제 논리, 즉 민주주의와 자유시장의 승리였다"라고 요약한 적이 있었다. 마침내 다른 지식인들도 '자유시장이 미

---

1) Lake, *New York Times*, Sept. 26, 1993; Sept. 23, 1994.

래의 파도', 즉 미국이 파수꾼이며 모델인 미래의 파도임을
깨닫기 시작했다. 미국과 같은 점잖은 파수꾼을 가진 세계는
행운이었다. 우리는 끊임없이 그렇게 세뇌당했다. 미국이 너
무나 점잖다며, 헨리 키신저를 비롯해 많은 사람이 미국의
애타적인 정책은 지나치게 선을 추구한다고 경고하기도 했
다. 게다가 때로는 진실이 경험적 사실에서 순수히 사색으로
발전하기도 했다. 예컨대 하버드의 행정학 교수 새뮤얼 헌팅
턴(Samuel Huntington)은 "숱한 국가들 중에서 유일하게 미국
이 자유, 민주주의, 평등, 사유재산권, 시장이라는 보편적 정
치·경제 원리로 국가적 정체성을 확보하고 있기 때문에 세
계의 이익을 위해서라도 미국은 국제적 패권을 유지해야 한
다"라고 썼다. 달리 말하면 다른 나라들의 정책에 비해서 미
국이 민주주의, 인권, 시장을 훨씬 중시하는 정책을 쓴다는
뜻이었다. [2]

행정학에서 가르치듯이 이런 주장은 정의의 문제이기 때문
에 우리가 이런 주장을 경험적으로 확인하는 수고를 사서 할
필요는 없으리라. 그래야 가슴이 덜 아프다. 괜스레 과거를
들춰서, 우리가 무력과 전복과 억압을 원칙적으로 거부한다
면서 레이건 시대에 중앙아메리카에서 테러 전쟁을 벌여 그

---

2) Friedman, *New York Times* Week in Review, June 2, 1992. Huntington,
   International Security 17:4, 1993.

나라들을 황폐화시키고 고문으로 사지가 훼손되어 죽어간 수십만 구의 시신은 어떻게 설명하겠냐고 따지는 사람이 있으면 골치 아프지 않겠는가. 또 케네디 행정부가 국제적 협력까지 강요하면서 쿠바를 압박하고, 아이젠하워가 시작했던 테러국가에 대한 라틴 아메리카식 지원에서 하루아침에 파괴적인 침략으로 전환해서 남베트남을 무자비하게 공격한 사례를 따지고 묻는다면 어떻게 답할 수 있겠는가. 남베트남에서 미 공군은 민간인을 향해 폭격하고, 네이팜탄으로 밭에 불을 질러 원주민들에게 항복을 받아내려 하지 않았던가!

물론 선전 공세에 속은 사람들은 케네디 시대에 미국의 자유주의가 전성기를 맞으면서 시장 민주주의에 대한 전방위적인 위협을 막지 않았냐고 항변할지도 모른다. 하지만 케네디 정부는 브라질 의회정부의 전복을 기도하면서 살육자와 고문자에게 브라질을 지배할 기회를 열어준 주역이었다. 게다가 도미노 효과로 남반부 전역이 대부분 신나치 체제에 넘어갈 때도 미국은 뒤에서 몸을 감추고 신나치 체제를 지원했다. 그 결과 '누구도 괴롭힌 적이 없는 그 작은 지역'은 피로 얼룩진 역사에서 새로운 파국을 맞고 말았다. 1945년 5월 전쟁성 장관 헨리 스팀슨(Henry Stimson)은 남반구를 이렇게 표현하면서, 앞으로 확장되어야 할 미국 체제와는 별도로 남반부의 지역 시스템은 해체되어야 한다고 주장했다. 여기에 맞장구라도 치듯이 자유민주당의 에이브 포르타스(Abe Fortas)

는 "우리에게 좋은 것은 세계에도 좋은 것"이라 주장하며 남반구를 "세계 안보를 위해서 우리가 반드시 지켜야 할 곳"이라 덧붙였다.

과거의 것이기는 하지만, 라틴 아메리카의 인권과 미국 문제에 대한 최고 전문가 라스 슐츠(Lars Schoultz)가 이 문제에 대한 학문적 연구에서 내린 "라틴 아메리카 국가들에서 안보의 목표는 대다수의 정치적 참여를 억제함으로써 종전의 사회·경제적 특권 구조에 대한 위협을 영구적으로 파괴하는 것이다"라는 결론을 간과해서는 안 된다. 특권 집단의 결성과 목표, 그들의 성과는 1962년 케네디 행정부의 역사적 결정까지 거슬러 올라간다. 이때 케네디 행정부는 라틴 아메리카 군부의 목표를 남반구의 방어에서 '내부적 안정'으로 전환하면서, 그 목표의 성취를 위해서 군사원조와 군사 훈련에 필요한 지원을 아끼지 않기로 결정했다. 남반구의 방어는 제2차 세계대전의 유물이지만, '내부적 안정'은 남반구 민중과의 전쟁을 완곡하게 표현한 말이라도 실로 중대한 문제였다. 카멜롯(아서 왕의 궁궐이 있었다는 전설 속의 마을로, 케네디 재임 시절의 워싱턴을 칭하는 말)의 자유주의자들이 획책한 이런 목표 전환으로 미국의 입장도 '라틴 아메리카 군부의 강탈과 잔혹 행위'의 용납에서 '하인리히 힘러의 친위대식 직접 간섭'으로 바뀌었다. 적어도 1961년부터 1963년까지 대게릴라 정책과 내부 방어 계획을 주도한 찰스 매클링(Charles Maechling)의 표

현을 빌리면 그렇다. [3)]

태산의 티끌에 불과하지만 이런 일들은 '너그러운 사회'
가 추구한 정치 · 경제 원리의 '변하지 않는 진실'과 아무런
관계가 없다. 따라서 우리는 눈을 크게 뜨고 배워야 한다. 그
렇다면 지도자와 정부가 국민을 악용하거나 학대하지 않고
자유와 기회를 보장해주기 위해 존재한다는 생각을 '너그러
운 사회'가 실천했다는 기록으로 남은 증거는 있을까?

그런 기록에는 놀라운 공통점이 있다. 아시아 전문가인 반
체제적 인사 존 킹 페어뱅크(John King Fairbank)는 1968년 12
월 전미역사협회에서 행한 대통령 유세 연설에서 베트남 전
쟁을 비난하면서 미국이 '주로 지나친 정의감과 제3자적 선
의'로 그 전쟁에 개입했다고 주장했다. 몇 년이 지난 뒤 베트
남 전쟁에서 발생한 부끄러운 기록이 밝혀지자 뉴욕 타임스
의 앤서니 루이스(Anthony Lewis)는 "선의를 베풀려는 우리의
서툰 노력이 1969년에 결국 재앙으로 발전했다"고 예외적인
비난을 퍼부었다. 그 반대편에서는 평론가들이 '고결한 대
의'를 무의미한 실패로 변질시킨다고 비난했다.

케네디 시절의 브라질 대사 링턴 고든은 브라질의 쿠데타

---

3) Schoultz, *Human Rights and United States Policy towards Latin
America* (Princeton 1981); Maechling, *Los Angeles Times*, March 18,
1982.

를 '자유세계를 위한 위대한 승리'로 미화시키며 브라질의
민주주의를 파괴시키려는 세력에게서 브라질을 지켜내려는
시도였다고 평가했다. 요컨대 브라질의 쿠데타는 20세기 중
반에 이뤄낸 자유주의의 결정적인 승리로, '민간 투자를 활
성화시키는 분위기'를 조성할 수 있었다. 이런 점에서 브라
질의 쿠데타는 적어도 시장 민주주의에 대한 위협을 진압한
것이었다.

이 항구적인 진실이 미국의 정체성 자체라면 우리는 다른
사례들, 아니 역사 자체를 살펴볼 필요조차 없다. 미국이 상
황에 따라서 적절한 구실로 민주주의를 파괴하고 인권을 훼
손해왔다는 것은 역사가 증명하기 때문이다. 얼마 전만 해도
이런 행위들은 냉전이란 이름으로 합리화되었다. 그러나 사
례들을 하나씩 점검해보면 여지없이 무너지는 합리화다. 정
책들의 전후 과정을 보면 그 증거들을 읽을 수 있다. 러시아
황제가 굳건히 제정 러시아를 이끌고 있을 때도 우드로 윌슨
은 오랜 전통에 따라서 아이티와 도미니카 공화국을 침략했
다. '윌슨의 이상주의(Wilsonian Idealism)'를 실현시키기 위해
서 수천 명의 목숨을 빼앗았고, 아이티에서 노예제도를 실질
적으로 부활시켰으며, 미국의 투자자들이 아이티 땅을 그들
의 플랜테이션으로 전환시키려는 시도를 지원할 목적으로
워싱턴에서 작성된 '진보적' 헌법을 아이티 입법의원들이
서명하길 거부하자 아이티 의회를 해체시켰다. 게다가 두 나

라의 정권을 군부에 넘겨 내부적 안정을 꾀했고, 그 상태를 유지하기 위해서 군인들을 훈련시키고 군사적 지원을 아끼지 않았다. 볼셰비키의 위협이 없던 시대에 미국은 토착민과 싸우며 안보를 지켰다.

그 전에는 정복과 테러로 에스파냐와 영국, 그리고 '무자비하고 야만적인 인디언'의 공격에서 안전을 지켰다. 독립선언문이 그들의 범죄적 행위들이 신랄하게 고발하고 있지만 200년이 지난 지금 실제로 그런 행위가 있었는지 확인할 길은 없다. 죄 없는 미국인들이 '무지막지한 인디언 무리'와 '탈출한 검둥이들'에게 공격을 받았다. 1818년 인디언들과 검둥이들이 미합중국에 야만적이고 맹종적인 전쟁을 도발했다. 그리고 같은 해 앤드류 잭슨 장군이 플로리다에서 토착 인디언들과 탈주한 노예들의 씨를 말려버리자, 존 퀸시 애덤스 국무장관은 그들의 선제공격에 대응한 어쩔 수 없는 반격이었다고 합리화시키며 플로리다의 정복을 정식으로 선언했다. 애덤스가 남긴 이 서류는 헌법이 요구한 의회의 승인 없이 전쟁을 도발했다는 증거를 보여주는 중요한 국가 문서다. 그러나 이처럼 추악한 이야기들은 그후로도 끊임없이 계속되었다.

간혹 미국의 적은 전 세계였다. 1966년 11월 린든 존슨 (Lyndon Johnson) 대통령은 미국 밖의 인구가 미국 인구의 15배가 넘는다는 사실을 주지시키며, "완력으로 정의를 구현할 수 있다면 전 세계가 미국을 쓸어버리고 우리 것을 빼앗아갈 것이다"라고 경고했다. 유엔이 원래의 정체성을 상실하고 '다수의 횡포'로 전락하자 중대한 위험이 드러났고, 게다가 제2차 세계대전 이후 식민지들이 독립하면서 미국의 입김도 크게 약화되기 시작하던 때였다. 뉴욕 타임스의 외교 담당 기자 바바라 크로세트는 최근에 당시를 회고하면서 "1960년 대에 모스크바와 많은 신생 독립국들이 미국을 소외시키고 비방했다"고 말했다. 미국이 자기 방어를 위해서 안전보장이 사회의 결의안에 거부권을 행사하고 총회의 의결을 방해하 며 법적으로 의무화된 분담금의 납부를 거부한 것은 조금도 놀라운 일이 아니었다. 평론가들이 이런 도덕적 타락의 원인 을 규명하고 나섰다. 뉴욕 타임스의 문화평론가로 '정치적 올바름'을 신랄하게 비판해서 유명세를 탄 리처드 번스타인 (Richard Bernstein)이 도덕적 타락의 원인으로 '유엔의 구조와 정치 문화', 그리고 순진한 미국인들의 외교력 부재를 꼽았 다. 글의 제목은 '미국 대 유엔'이 아니라 '유엔 대 미국'이 었다. 달리 말하면 정도에서 벗어난 유엔에 미국이 홀로 맞 서는 형국이란 뜻이다. 유엔이 걸프전에서 미국의 의도에 충 실하게 따라주면서 성실성을 잠시 회복하기 했지만 워싱턴 이 침략과 잔혹 행위를 비난하는 결의안에 거부권을 행사할 필요가 없어지자, 뉴욕 타임스의 표현대로 이 '놀랍고 현격 한 변화'는 오래 지속되지 못했다. 온건한 공화당 의원이며 하원 국제관계위원회 의장인 벤저민 길먼(Benjamin Gilman)이 최근에 밝혔듯이, 이 암울한 시절 내내 미국과 이스라엘만이 같은 편이었다. 미국민은 대체 유엔에 미국의 친구가 있는지 의문을 품지 않을 수 없었다. 물론 미국이 정의와 자유의 이름으로 엘살바도르, 루마니아 등 여러 나라를 동원하기는 했지만 과거에는 그렇지 않았다. 안전보장이사회에서 영국은 믿을 만한 친구로 미국의 뜻에 동조해서 거부권을 행사했고, 프랑스도 적잖은 지원을 보냈다. 적어도 모스크바의 힘이 진정한 민주주의자들에게 위협적이던 1960년대 이후로 냉전이 종식될 때까지는 그랬다. [4]

세계 정복을 향한 케네디의 무자비한 음모가 1980년대 무대에서 시들해지자 미국의 경계와 삶을 위협하는 새로운 적을 찾는 모색이 계속되었다. 마음에 들지 않고 방어력도 약한 리비아가 용감무쌍한 레이건주의자들에게 그럴듯한 샌드백으로 지목되었다. 그리고 발광한 아랍국들, 국제 테러리스

---

4) Johnson, Nov. 1, 2; *Public Papers of the Presidents*, 1966, Bk II, 563, 568. Crossette, 'U.N. Finds That Its Reputation Has Slumped for Many in the U.S.', *New York Times*, June 25, 1995. Bernstein, *New York Times Magazine*, Jan. 22, 1984. For more on these illuminating topics, see my *Deterring Democracy* (Verso, 1991; Hill&Wang, Vintage, 1992); *Letters from Lexington* (Common Courage, 1993). The suppression of the record is as remarkable as the expression of attitudes.

트들, 그럴듯한 나라들이 적절한 후보자로 떠올랐다. 예컨대 조지 부시는 파나마를 침공하는 것으로 베를린 장벽의 붕괴를 자축했다. 하지만 파나마 침공은 결코 공산주의의 확산을 막기 위한 방어전이 아니었다. 악마 노리에가(Manuel Antonio Noriega)를 생포해서 그가 저지른 죄를 심판하기 위한 전쟁이었다. 우습게도 그가 CIA의 앞잡이 노릇을 하면서 저지른 범죄를 심판하겠다는 것이었다. 당시 미국 군사원조의 절반이 콜롬비아에 집중되고 있었다. 그런데 콜롬비아는 충격적인 잔혹 행위로 남반구에서 가장 악랄한 인권 탄압국이지 않던가. 간섭의 패턴은 같았지만 구실은 달랐다. 이번에는 마약 밀매단에게서 미국을 지키겠다는 구실이었다. 미국의 군사원조와 군사 훈련은 '마약과의 전쟁'과 아무런 관계도 없는 군사력 양성에 집중되었다. 아니, 한 가지 점에서는 마약과의 전쟁과 관계가 있었다. 국제인권감시단의 보고서에 따르면, 미국에게 군사원조와 훈련을 받은 군부와 준군사조직이 마약 밀매의 주역이었다. 요컨대 마약 밀매는 미국의 정책이 거의 반세기 동안 양성해온 범세계적인 사업이었다.

병적인 환상과 현실이 아무런 관계도 없다는 사실을 증명하기란 그다지 어렵지 않다. 현실감 있는 학자들은 역사의 기록에 지나치게 기대면 현실을 오용하거나 현실 자체를 혼돈하기 쉽다고 경고한다. 현실은 아직 이루지 못한 '국가적 목표'로, 우리가 그 목표에 대해 생각할 때 역사적 증거로 나타나는 법이다. 반면 역사의 기록은 '미국의 목표'에 대해 어떤 것도 말해주지 않는 인위적 산물일 뿐이다. 다른 식으로 생각하는 것은 '유사한 이유로 종교의 타당성을 부인하는 무신론적 오류'에 빠지는 것과 비교된다.[5]

그러나 이렇게 변명할 수 있다. 이제 '과정의 진통'은 없을 것이다. 사실 우리는 과거에 많은 실수를 저질렀다. 순진한데다 잘해보려는 의욕이 넘친 탓이다. 하지만 이제는 다르다. 과거를 모두 잊고 장밋빛 미래를 기대하며 앞으로 나아갈 수 있다. 변하지 않은 채 남아 있는 제도적 구조의 역할과 행위에 대해 과거의 역사가 떠올려주는 불길한 생각도 잊어야 한다. 이제부터 제시되는 정책은 깊은 혜안을 지녀 누구라도 고개를 끄덕이지 않을 수 없을 것이다.

따라서 어떤 형태로든 우리에게 똑같은 길을 걷게 하는 과정의 진통을 다음에는 겪지 않을까? 지금(1995년)은 올바른 정책을 택해 '우리의 작은 지역'에 충실할 것이라고 말할 수 있을까?

1995년 5월, 콜롬비아 서북 지역 아파르타도 관구의 주교와 신부들은 '여론에 호소하는 성명서'를 발표했다. 살인과 실종으로 인해 그 지역 사람들을 짓누르고 있는 공포에 관련

---

5) Hans Morgenthau, *The Purpose of American Politics* (Vintage, 1964).

된 내용이었다. 준군사조직이 마을 사람들을 무자비하게 학살했지만 당국은 그 비극적 소식을 듣고도 무관심으로 일관하며 '죽음과 파괴로 이어지는 섬뜩한 계획'에 어떤 조치도 내리지 않았다. 다만 아파르타도 시장이 "준군사조직이 살인과 폭력을 미친 듯이 휘둘렀지만 수십만에 달하는 군인과 경찰은 침묵하며 지켜보기만 했다"라고 강력히 항의하며 신부들의 성명서를 뒷받침해주었을 뿐이다.

세계가 침묵했다. 군사와 훈련을 제공한 나라도 침묵했다. 그 성명서는 연대를 맺고 있는 소수에게만 전해질 수 있었다. 누구나 예상할 수 있는 이런저런 이유로 그 성명서는 세상에 전해지지 못했다. 뭔가 잘못된 이야기가 아닐 수 없다. 부적절한 사람들이 권력을 움켜쥐고 있기 때문이다. 그 소식이 민중에게 알려졌다면 잔혹 행위는 쉽게 중단될 수 있었을 것이다. 지금까지 미국의 군사원조 중 절반이 지원되는 콜롬비아에서 자행되는 잔혹 행위를 폭로하려는 시도들이 있었지만, 그때마다 그런 폭로들은 심하게 왜곡되어 세상에 전해졌다. 이런 폭로가 제대로 전해질 수 없기 때문에 언제나 '옛날이야기'고 '미국을 비방하려는 낡은 수법', 혹은 '과정의 진통'이란 이름으로 일축되었다.

콜롬비아에서 준군사조직의 잔혹 행위가 갑작스레 급증한 이유는 수십억 달러의 개발 프로젝트에 따른 토지 수탈과 관련 있는 듯하다. 준군사조직은 지주와 농장 주인, 마약 밀매단과 밀접한 관계를 맺고 있다. 특히 마약 밀매단은 군부, 마약 카르텔, 지주, 준군사조직 등과 오래 전부터 긴밀히 협조해온 것으로 알려진 마그달레나 메디오 지역의 준군사조직 최고사령관이 된 인물의 사조직인 것으로 알려진다. 그들이 '죽음과 파괴로 이어지는 섬뜩한 계획'의 앞잡이들이었고, 그들의 타깃은 언제나 그랬듯이 풀뿌리 시민 조직과 민중 조직, 그리고 조직의 지도자들이었다. 또 농민과 토착민과 흑인, 요컨대 정부와 마약 밀매단과 '합법적인' 민간 기업의 연대를 방해하는 사람들이 모두 학살의 대상이었다. 이런 만행들이 똑같은 패턴으로 반복되지만 반응은 언제나 침묵이다.

실물 세계에서 시장
Markets in the Real World

변하지 않는 진실이 한계를 넘어서면서 다른 염려는 사치로 여겨질 정도다. 이번에는 시장에서 변하지 않는 진실이 무엇인지 살펴보자. 시장이 당연히 '국가 정체성'의 일부라면 미국이 처음부터 '현대 보호주의의 모태였고 보루'였다는 사실을 지적하는 것조차 어리석은 짓일 수 있다. 내가 만들어낸 말이 아니다. 경제사가 폴 베어록(Paul Bairoch)이 그렇게 말했다. 자유시장이 성장의 엔진이라면,[6] 일시적으로 이

111

익을 추구할 경우를 제외하고 강대국들이 자유시장을 신봉했으리란 추론이 가능하다. 하지만 베어록은 사료들을 근거로 이런 지배적 이론이 현실에서 보편적으로 무시된다는 결론을 내렸다. 알렉산더 거센크론(Alexander Gerschenkron)의 모델이 발표된 이후 '후기 발전국'(late developer)들이 자유시장 원리를 무시했다는 것은 상식이다. 이런 예는 과거에서도 확인된다. 특히 미국은 시장 원리를 앞장서서 거부한 나라다. 미국은 처음부터 보호주의를 견지하면서 섬유, 철강, 에너지, 화학, 컴퓨터와 전자공학, 제약과 생물공학, 농업 관련 산업 등을 발전시킨 덕분에 엄청난 부와 힘을 축적할 수 있었다. 달리 말하면 경제의 합리성이라는 가혹한 원리에 따라 모피를 수출하는 비교 우위 정책을 추진하는 잘못을 범하지 않았다.

그렇다고 미국의 발전 모델이 새로운 지평을 개척한 것은 아니다. 영국도 비슷한 과정을 밟아 선진 산업국으로 발돋움했다. 더 정확히 말하면 150년 동안 보호주의를 관철해서 '공정한 싸움판'에서도 충분히 승산이 있을 정도로 힘을 축적한 후에야 자유무역으로 방향을 선회했다. 방향 전환에는 수출의 40%를 제3세계에 떠넘길 수 있다는 사실이 큰 몫을

---

6) Bairoch, *Economics and World History* (Chicago, 1993).

차지했다(1800~1938). 유럽이 산업혁명기를 맞은 초기부터 지금까지 보호무역주의의 예외를 찾기란 쉽지 않다. 대니얼 디포(Daniel Defoe)는 1728년 영국이 중국과 인도를 비롯한 동양의 나라들과는 힘겨운 경쟁을 벌어야 할 것이라 경고하며, "그 나라들이 널찍한 땅을 바탕으로 세계에서 값싼 임금으로 가장 많은 공장에서 가장 다양한 물건을 만들어 세계를 압박한다"는 것이 문제라고 지적했다. 게다가 당시 영국은 세계에서 실질임금이 가장 높고, 노동 조직을 만들기에 가장 유리한 조건을 갖춘 나라였는지도 모른다. 최근에 발표된 박사논문에 따르면 지금까지의 이론과 달리, "영국이 보호무역 정책을 채택하지 않았다면 인도의 값싼 직물에 의해 산업조직이 와해되었을 것이다"라고 결론짓는다.[7]

요즘에는 이런 시각에서 당시 상황을 분석하는 학자들이 적지 않다. 디포의 경고가 있고 한 세기가 지난 후, 자유주의 역사학자 호레이스 윌슨(Horace Wilson)도 "보호무역이 없었다면 페이즐리와 맨체스터는 산업화 초기 단계에서 꺾이고 말았을 것이다. 증기기관으로도 그곳의 산업을 다시 일으키

---

[7] Prasannan Parthasarathi, Who Was Rich and Who Was Poor in the Eighteenth Century, ms. Harvard, May 1995; to appear in *Past and Present*, and much more fully, in a forthcoming Harvard PhD dissertation.

지 못했을 것이다. 영국의 산업은 인도의 산업을 희생시킨 대가로 얻어진 결실이었다"라고 지적했다. 결국 산업이 해체된 나라는 영국이 아니라 인도였다. 인도는 철강, 조선 등 거의 모든 제조업이 무너졌다.

이집트가 무하마드 알리의 지휘하에 산업혁명을 시도하자 영국은 이집트에게 '일관된 얼굴'을 강요했다. 영국과 프랑스가 두려워했듯이 이집트는 풍부한 농산물과 목화 생산을 바탕으로 산업을 너끈히 발전시킬 수 있었다. 하지만 영국의 자본과 군사력이 개입해서 영국의 제국주의적 전략에 방해되는 불필요한 경쟁을 사전에 차단함으로써 이집트의 꿈은 산산조각 나고 말았다. 요컨대 미국과 달리 이집트는 경제학 원리를 과감하게 거부하면서 독립적인 발전을 모색할 수 없었다.[8]

이런 현상들을 심도 있게 비교, 연구한 저서는 드물지만 그연구서들에 담긴 내용들은 요즘 현상들과 적잖은 관계를 갖는 듯하다. 개발도상국으로 식민지화에 저항한 나라가 특히 눈에 띈다. 일본이었다. 그후 일본은 산업국으로 발돋움하면

---

8) 미국이 제2차 세계대전 후에 취한 보호주의정책에 대해서는 필자의 책, *World Orders, Old and New* (Columbia, 1994)를 참조할 것. 식민지 미국의 발전을 억제한 영국의 정책에 대해서는 아담 스미스가 다뤘다. 아담 스미스는 영국이 인도에서 자행한 범죄적 행위에 대해서도 신랄하게 비판했다.

서 자체의 식민지를 개척했다. 일본은 점령군으로서 야만적 권력을 휘둘렀지만 서유럽국들과 달리 식민지들을 산업화시키고 발전시켰다. 반면에 영국 최초의 식민지로 북유럽에 위치한 아일랜드는 여전히 제3세계의 모습을 벗어나지 못하고 있다. 아프리카를 대표하는 역사학자 바질 데이비드슨(Basil Davidson)에 따르면, 서아프리카 판티동맹과 아샨티 왕국의 현대화 개혁은 같은 시기에 일본이 실행한 개혁과 비슷했다. 실제로 아프리카의 많은 정치학자와 역사학자가 이런 시각에서 두 지역의 현대화 과정을 분석했다. 몇 년 후, 그들 중 한 학자는 "일본과 아프리카는 똑같이 바람직한 목표를 세웠다. 그러나 아프리카의 시도는 처참하게 분쇄되고 말았다. 아프리카의 계획은 (영국의 힘에 의해) 좌절되고 말았다"고 결론지었다. 데이비드슨의 분석에 따르면 "1867년 이후 일본이 이뤄낸 가능성과 아프리카의 가능성은 본질적인 면에서 다를 바가 없었다". 그러나 서아프리카는 이집트와 인도의 전례를 따르고 말았다. 일본과 미국처럼 점령자들의 법칙과 경제적 합리성이란 구속에서 벗어나 독자적인 길을 걷지 못했다. [9]

---

9) Davidson, *Black Man's Burden* (Times Books, 1992). On Ireland, see Lars Mjmset, *The Irish Economy in a Comparative Institutional Perspective* (National Economic and Social Council, Government Publications, Dublin 1992).

1920년대 영국은 일본 산업과의 경쟁에서 뒤졌다. 따라서 영국은 처음으로 돌아가면서 경쟁이란 게임을 일방적으로 중단시켰다. 영국은 일본과의 무역을 그렇게 중단했다. 네덜란드와 미국이 그 뒤를 따랐다. 이런 무역의 중단이 태평양 전쟁으로 치닫는 과정의 일부였지만 종전 50주년 기념 행사에서는 까맣게 잊혀진 전쟁 원인들 중의 하나였다.

레이건 추종자들도 일본과의 경쟁에서 반세기 전의 길을 그대로 답습했다. 그들이 숭배하고 다니던 자유시장을 허용했다면 지금쯤 미국에서 철강 산업과 자동차 산업은 자취를 감췄을 것이다. 반도체 산업과 컴퓨터 산업도 똑같은 운명을 맞았을 것이다. 레이건 행정부는 일본과 경쟁해야 하는 시장을 닫아버렸다. 그리고 공공 기금을 퍼부어 관련 산업들을 지원했다. 이런 지원은 클린턴 행정부하에서 가속화되었다. 물론 경쟁력 있는 민간 기업, 예컨대 항공산업이나 정부가 구축한 인프라에 바탕을 둔 관광산업 등까지 보호하는 대책을 마련할 필요는 없었다. 게다가 이런 산업들은 안전한 국가를 만들기 위해 반드시 필요한 펜타곤 시스템을 통해 충분히 지원받고 있었다. 실제로 '안보용 고속도로 시스템'은 정부의 지원하에 민간 기업이 미국의 얼굴을 바꿔놓은 사회간접자본 확충 프로그램의 일부였다.

따라서 클린턴이 1993년 시애틀에서 열린 APEC 정상회의에서 보잉 항공사를 '자유 시장이 지향해야 할 위대한 비전'

의 모델로 선정하는 것은 너무도 당연한 일이었다. 하기야 정부 보조금을 받아 개인적 이익을 추구하면서도 뻔뻔스레 '자유 기업'이라 자칭하는 전형으로 보잉사만한 민간 기업은 없었다. 어쨌든 클린턴이 APEC에서 거둔 업적으로 자유 시장은 승리의 나팔을 더욱 힘차게 불었다. 덕분에 보잉, 제너럴 일렉트릭, 크레이, 휴즈 항공사 등 자유 기업의 전형들이 생산하는 항공기, 핵 발전소, 슈퍼컴퓨터, 인공위성을 중국에 팔 수 있었다. 중국이 핵과 미사일을 증강시키고 있다는 의심을 받고 있어 그런 매매는 불법이었지만, 국무부는 워싱턴이 그런 거래를 금지하는 법이 불합리한 것이라 해석한다고 변명했다.

1년 후 자카르타에서 열린 APEC 회의에서 클린턴은 엑슨을 본받을 모델로 선택했다. 엑슨도 보잉 못지않게 정부의 보호를 받는 민간기업이었다. 이번에도 클린턴은 위대한 비전을 제시하고, 성공적인 무역 외교를 성사시켰다는 찬사를 받았다. 뉴욕 타임스의 정치평론가 일레인 사이얼리노(Elaine Sciolino)는 엑슨이 인도네시아의 페르타미나 정유회사와 손잡고 천연가스전을 개발하기 위한 350억 달러의 신규 계약을 체결했다는 클린턴의 발표를 보도하면서, 이 계약으로 인해 미국 민간 기업들과 인도네시아의 국영 전기회사에게도 큰 혜택이 돌아갈 것이라 덧붙이며 무역 외교가 성공함에 따라 '미국인들이 새로운 일자리'로 얻게 되었다고 해석했다.

맞는 말이기는 했다. 미국인들, 적어도 변호사, 은행가, 기업가와 경영자, 그리고 약간의 숙련공들이 단기간이나마 일자리를 얻을 수 있었다. 미국 노동자를 위한 이런 희소식(?)은 곧바로 엑슨 주가의 급등으로 이어졌다. [10]

'이익'이란 단어가 많은 부분에서 사라지고 있다는 점도 주목할 만하다. 요즘의 뉴스피크(Newspeak, 조지 오웰의 『1984년』에 나오는 여론 조작법으로, 정부 관리 등이 애매하게 말해서 국민을 기만하는 수법을 뜻한다)에서는 '이익'이란 단어가 '일자리'로 둔갑해서 쓰인다. 이런 변화를 꿰뚫어볼 때에야 우리는 '미국인들을 위한 일자리'를 확보했다는 클린턴의 무역 외교에 대한 찬사를 정확히 이해할 수 있다. 또 이런 언어적 변화를 알아야 펜타곤이 외국의 약탈자들에게서 나라를 지킬 뿐 아니라 '일자리'까지 제공한다는 사실을 이해할 수 있다. 그래서 브루킹스 연구소의 로렌스 코브(Lawrence Korb)는 군사비의 과도한 증액을 비판하면서 "양당의 정치인들이 군사비를 일자리 창출 프로그램으로 착각하고 있다"고 말했던 것이다. 투자자의 이익과 최고 경영진의 고액 연봉을 얼버무리려고 그럴듯한 단어가 대신 쓰인 것은 아닐까? 아하, 그렇게 위험한 생각은 버려라!

---

10) Sciolino, *New York Times*; Manuela Saragosa, *Financial Times*; Nov. 17, 1994. On the Seattle conference, see *World Orders*.

그러나 경제 관련 언론들은 일관성 없는 기준을 가진 듯하다. 1995년 중반 미국이 일본에 미국산 자동차 부품을 더 많이 사용하라고 압력을 넣었을 때, 경제 관련 언론들은 "일자리를 부당하게 빼앗긴 미국인의 이익을 위해서 한 발도 양보할 수 없는 납득할 만한 조치다"라는 무역대표부 미키 캔터(Mickey Kantor)의 공식적인 입장을 대서특필했다. 그러나 월스트리트 저널이 진상을 밝혔다. 미국의 부품업자들은 정부가 일본의 목을 비틀어서라도 일본 시장을 열어주면 중국과 동남아시아 그리고 일본에 있는 공장에서 생산한 부품을 일본 자동차 회사들에게 공급할 의도였다. 문자 그대로 미국인들을 위한 일자리는 거의 없었다. 미국에 본사를 둔 다국적 기업을 위한 '일자리'만이 생겨날 뿐이었다. [11]

이제 이런 수법은 거의 관례가 되어 인상을 찡그리면서 비난할 기운조차 없다.

얄궂게도 역사를 돌이켜보면, 시장 원리의 무시와 국가 폭력이 경제 발전에서 큰 몫을 해왔다. 전후 유럽과 일본, 그리고 신흥공업국(Newly Industrialized Countries, NIC)이 대표적인 증거다. 사실 이 나라들 모두 미국의 군사력에서 경제 발전

---

11) Korb, *Washington Post Weekly*, July 17; John Aloysius Farrell, *Boston Globe*, June 11; Robert Simison and Neal Templin, *Wall Street Journal*, May 18, 1995.

의 기틀을 마련할 수 있었다. 오늘날 제1세계와 제3세계는 18세기까지만 해도 큰 차이가 없었다. 그후 큰 격차가 벌어진 이유 중 하나는 지배계급의 의지였다. 요컨대 지배후 계급이 시장 원리의 강요를 완강히 거부한 나라들은 모두 경제적 발전을 이뤘다.

베어록은 '경제학의 신화'를 일일이 반박하면서 "19세기에 제3세계에 강요된 경제 자유주의가 산업화를 지체시킨 주된 원인이란 것은 의심할 여지가 없다"고 결론지었다. 더 정확히 말하면 산업의 해체로까지 이어졌다. 게다가 제3세계에서는 이러저러한 이유로 산업의 해체가 계속되고 있는 실정이다. 베어록은 부자들을 위한 국가의 간섭을 그나마 점잖게 다룬 편이다. 일반적인 관례에 따라 국가의 간섭을 좁은 의미로, 즉 국내 시장을 위한 간섭으로 제한해서 해석하고 있기 때문이다. 이런 좁은 해석은 진실의 일부, 극히 작은 부분만을 보여줄 뿐이다.

베어록이 간과한 예 하나만 들어보자. 영국과 미국이 산업화를 시작한 초기에 그 원동력은 면방직 산업이었다. 달리 말하면 미국 남동부에서 원주민들을 몰아내고 학살해서 땅을 빼앗고 노예들을 수입해서 목화를 재배한 덕분에 값싼 목화를 안정되게 공급받을 수 있어 산업혁명이 가능했다. 우리가 요즘 들어 입이 닳도록 찬양하는 시장 원리에 맞는 것인가? 안타깝게도 이런 식의 착취가 오늘날까지 계속되고 있다.

베어록의 주장에 따르면 미국은 보호주의 정책을 오랫동안 유지한 후에, 즉 자유시장 원리를 위배하고 관세를 경쟁국들보다 높게 책정해서 국내 기업을 고속 성장시킨 후에야 문호를 개방하기 시작했다. 시기적으로는 제2차 세계대전 이후였다. 자유시장 원리는 정부의 간섭을 배제하는 것이었다. 그러나 '자유시장과 자본주의의 황금시대'에도 정부는 모든 첨단 기술 산업을 뒷받침했다. 1950년대 컴퓨터의 연구 · 개발비는 거의 다 납세자의 돈이었다. 더욱이 전자공학에만 연구 · 개발비의 85%가 집중적으로 투자되었다. 이 문제는 뒤에서 좀더 자세히 살펴볼 것이다. 하여간 이런 현상을 무시하고는 현대 경제나 '실제로 존재하는 자유시장'을 이해하기 어렵다. 마찬가지로 '미국의 교외 주택화' 이외에 엄청난 경제적 파급 효과를 가져온 대규모 사회간접자본 확충 프로젝트도 주정부에서 연방정부에 이르기까지 정부의 파격적인 지원하에서 이뤄진 것이다. 덕분에 많은 기업이 불법행위를 저지르며 법정에서 쇠고랑을 찼지만 소비자의 선택은 마지막 고려 사항이었다. [12]

제2차 세계대전 이후로도 적잖은 변화가 있었다. 특히 레

---

12) See Richard Du Boff, *Accumulation and Power* (M. E. Sharpe, 1989); my *Year 501* (South End, 1993)

이건 시대의 보수주의자들은 보호주의와 공공 보조금에서 새로운 기록을 깨뜨리며 그들의 친구인 민간 기업가들에게 그런 업적을 공개적으로 자랑했다. 예컨대 국제경제학자 프레드 버그스텐(Fred Bergsten)에 따르면, 제임스 베이커 (James Baker) 재무장관은 "로널드 레이건 대통령이 지난 반세기 동안 어떤 전임자보다 미국 산업을 파격적으로 지원했다"고 말했다. 또 버그스텐은 "레이건 행정부는 교묘한 방법으로 보호무역주의를 추진하면서, 무역 거래를 제한하고 시장을 폐쇄하며 가격을 올리고 경쟁을 약화시키면서 담합을 조장했다"고 지적했다. 이런 지적에 비한다면 베이커의 자랑은 겸손한 편이었다. 이처럼 자유무역의 예찬자이면서도 예산 운영에서는 보수적이던 레이건 행정부는 전후 어떤 정부보다 보호주의적인 조치를 취하면서 수입 제한 품목을 23%까지 확대시켰다. 대신 적자 예산의 폭을 눈덩이처럼 불리면서 납세자들에게 엄청난 이자 부담을 안겼다. [13]

레이건 행정부가 앞장서기는 했지만 그 시대에 산업국가들은 대부분 보호주의를 더욱 강화시키는 방향으로 나아갔다. 이런 흐름이 개발도상국들에 미친 영향은 심각했다. 실제로

---

13) See *World Order* for further discussion and sources. Also Sidney Plotkin and William Scheurman, *Private Interests, Public Spending* (South End, 1994).

부자 나라들의 보호주의적 정책으로 지난 세대부터 심각한 수준이던 최빈국과 최부국의 격차가 더욱 벌어졌다. 1992년 유엔개발보고서의 추정에 따르면 부자 나라들이 보호주의적인 정책과 금융 정책으로 개발도상국들에게서 빼앗아가는 돈이 연간 5000억 달러에 달했다. 이른바 '원조금'의 12배에 달하는 액수였다. 게다가 5000억 달러가 대부분 수출 보조금으로 쓰였다. 아일랜드의 저명한 외교관 얼스킨 차일더스(Erskine Childers)는 이런 행위를 '실질적인 범죄 행위'라 규탄하면서, 개발도상국가들이 '정치 수단으로서의 경제 정책, 개발도상국가들에 대한 경제적 억압'에 관련해서 유엔총회에 상정하려던 1991년의 결의안이 미국의 주도하에 서방국가들에 봉쇄되었던 점을 상기시켰다. 실제로 워싱턴은 테러 이외에 경제적 수단을 통해서 쿠바와 니카라과 같은 건방진 독립국들의 버릇을 고치려 해왔다. 그러면서도 겉으로는 자유시장에 대한 찬송을 그치지 않았다. 차일더스의 지적대로 이런 사실은 거의 알려지지 않았다. 왜 그랬을까? 물론 부자 나라들의 유력 언론들이 그런 사실을 보도하지 않았기 때문이다. 차일더스는 "부자 나라들의 부도덕한 행위가 그들의 국민에게 낱낱이 밝혀지면서 지배계급이 한없이 부끄러워할 날"이 오기를 바랐다. [14]

변하지 않는 진실이 무엇인지 모르던 사람들도 이쯤이면 거친 숨을 내쉬지 않을 수 없을 것이다.

차일더스가 기대한 '한없는 부끄러움'은 적확한 표현이었다. 2년 전, 히로시 나카지마 WHO(세계보건기구) 사무총장은 매년 1100만 명의 어린이가 쉽게 치료할 수 있는 질병으로 죽어간다고 발표했다. 이런 예방 가능한 비극을 막는 데 필요한 약간의 자원조차 지원할 의지가 부자 나라들에게 부족하기 때문이었다. 그야말로 우리 모두 부끄러워해야 할 '소리 없는 제노사이드'였다. 1995년 6월 유니세프(UNICEF, 유엔아동기금)는 연간 보고서를 제출하며, 부자 나라들이 몇 푼의 원조금을 거부하는 까닭에 죽어가는 아동이 1300만 명에 달한다고 추정했다. 이 충격적인 소식조차 '부자 나라들의 유력 언론들'은 보도하지 않았다. 적어도 미국에서는 그랬다. 오히려 같은 날, 국영방송은 의회가 이듬해 유니세프 지원금으로 책정된 4억 2500만 달러를 3분의 1정도로 삭감하고, 향후 2년 동안 해외 원조금을 30억 달러 정도 대폭 삭감할 계획이라고 보도했다. 하지만 미국의 이익에 부합하는 부자 나라, 즉 이스라엘을 지원하는 30억 달러, 이집트의 원조금 21억 달러는 원안대로 통과시켰다. 미국은 OECD 국가들 중에서 해외 원조가 가장 인색한 나라로 전락한 지 오래다.

---

14) E. Childers, 'The Demand for Equity and Equality: The North-South Divide in the United Nations'. Conference of the Jamahir Society, 2 July 1994, Geneva.

하지만 의회의 결정에서 보듯이 미국의 이익에 부합하는 나라들에게는 조금도 인색하지 않았다.

얼마 후, 워싱턴은 국제연합공업개발기구(UNIDO)에 약속된 분담금 2600만 달러의 절반만을 제공하겠다는 의향을 전했다. 유엔협약에 따르면 분담금을 납부하는 것은 법적 의무였다. 여하튼 미국의 비협조에 UNIDO의 활동은 크게 위축될 수밖에 없었다. 800만 달러를 체납하고 있는 최대 채무국이 다시 불법적 행위를 보이자, 77그룹(Group of 77, 유엔 내 개발도상국들의 연합체)은 "깊은 충격에 빠져 어찌할 바를 몰랐다". 거듭 말하지만 이런 소식은 부지런한 사람만이 찾아 읽을 수 있었다.

양심 있는 사람이라면 당연히 부끄러워할 이런 행동은 결코 미국의 여론이 아니었다. 오히려 최근의 연구가 보여주듯이, 미국민의 압도적 다수가 해외 원조를 그대로 유지하거나 증액해야 한다고 대답했다. 게다가 전략적 제휴나 군사적 목적을 위한 원조가 아니라 가난한 나라의 경제 발전을 위한 원조가 되어야 한다고 대답했다. 또 해외 원조가 진정으로 필요한 사람들에게 나눠진다면 압도적 다수가 기꺼이 세금을 더 내겠다고 대답한 반면에, 미국의 국익에 부합할 때만 해외 원조에 나서야 한다는 생각에는 절대 다수가 반대했다. 입만 열면 대중의 의지에 부합하는 일을 하겠다고 떠드는 정치 지도자들이 실제로 시행하는 정책과는 완전히 상반되는

연구 결과였다. [15]

이런 패턴이 줄기차게 반복된다는 사실에 주목할 필요가 있다. 클린턴 대통령이 유엔의 평화 유지 활동에 대한 미국의 참여를 줄이는 데 동의하자 정적(政敵)인 공화당은 한 걸음 더 나아가 그런 활동에 참여하는 비율을 대폭 줄이거나 아예 참여하지 말자고 나섰다. 하지만 국민의 80%는 미국이 유엔의 평화 유지 활동에 참여해야 한다고 생각한다. 국민의 절반이 평화 유지 활동에 미국이 참여할 것을 꾸준히 지지하며, 성공의 보장이 있는 활동에는 무려 88%가 미국의 참여를 찬성했다. 기껏해야 5~10%의 국민만이 미국의 참여를 꾸준히 반대하고 있을 뿐이다. 대외적으로 알려진 것과 달리 소말리아 사태의 영향은 미미한 것이었다. 한편 보스니아에서 잔혹 행위를 중단시키고 '안전한 피난처'를 보호하기 위해서 미군을 유엔군으로 파견하는 데는 3분의 2가 찬성했다. 르완다의 경우에도 유엔이 그곳에서 제노사이드가 진행중이란 결론을 내리면 미군을 유엔군으로 파견해야 한다는 데 국민의 80%가 동의했다.

---

15) *Excelsior* (Mexico), Nov. 21, 1992. AP, *BG*; Katherine Seelye, *New York Times*; Kenneth Cooper and Dan Morgan, *Washington Post;* all June 9, 1995. UNIDO, Ian Hamilton Fazey, *Financial Times*, July 3, 1995. Aid levels, attitude studies, Robin Wright, *Los Angeles Times*, June 13, 1995.

그러나 미국민의 60%는 미국이 보스니아에서 전쟁을 종식시키기 위해서 충분히 노력했다고 생각한다. 적잖은 수치다. 그러나 다른 연구에서 밝혀졌듯이 미국민의 무관심이나 잔인한 심성 때문은 아니었다.

한편 해외 원조를 반대하는 사람들도 있었다. 해외 원조가 연방 예산에서 가장 큰 몫을 차지한다고 생각하는 25%의 국민이 주로 해외 원조를 반대했다. 그런데 이번 반대도 충분히 이해할 만하다. 실제로 재량 지출(discretionary spending)의 절반 정도가 펜타곤의 몫이지만 이런 사실을 알고 있는 국민은 3분의 1에 미치지 못한다. 게다가 해외 원조는 그 목적은 고사하고 지출 내역조차 공개되지 않는다. [16]

이런 모순된 결과를 설명하기란 그다지 어렵지 않다. 미국민은 올바른 일을 하고 싶어하지만 미국의 애타적이고 고결한 자선에 적대적인 세계가 배은망덕하다는 '변하지 않는 진실'에 세뇌되어 있다. 비슷한 이유로 압도적 다수가 가난한 사람을 더 도와야 한다고 생각하면서도 복지 예산의 삭감을 주장하는 것이다. 즉 "복지 지원을 더 받으려고 자식을 토끼

---

16) Steven Kull, *Bulletin of Atomic Scientists*, March/April 1995. Bosnia, Reuters, *BG*, July 23, 1995. Aid, Robin Toner, *New York Times*, Nov. 16, 1994; the figures presented are misleading, not distinguishing discretionary spending.

처럼 줄줄이 낳아서 캐딜락을 몰고 다니는 흑인 여자에게 우리가 힘들게 번 돈을 써야 할 이유가 어디에 있는가?"라는 의문을 갖는다. 이처럼 로널드 레이건과 같은 사람이 툭 던지는 동화 같은 이야기들에 취해서, 미국인들은 연방 예산에서 복지가 차지하는 몫이 대단하다고 믿어버리며, 처음부터 상대적인 기준에서 낮게 시작된 복지 수준이 지난 20년 동안 현격하게 추락했다는 사실은 전혀 모르고 있다. 이런 이유로 국민은 과도한 세금에 짓눌려 산다는 불만까지 갖는다. 실제로는 1991년 현재 OECD 국가들 중에서 GDP(국내총생산, gross domestic product)에 비례해서 조세 부담이 미국보다 낮은 나라가 터키, 오스트레일리아밖에 없는데도 말이다.

미국의 조세 체계가 예외적으로 역진적이란 사실도 이런 그림자 뒤에 감춰져 있다. 중요한 것은 세금과 이전소득이 빈곤의 경감에 미치는 효과다. 그런데 경제학자 로렌스 미셸(Lawrence Mishel)과 자레드 번스타인(Jared Bernstein)이 이 문제를 심도 있게 연구한 결과에 따르면, "다른 산업국가들에 비해서 미국의 조세와 이전소득 체계는 빈곤을 줄이는 데 무척 비효율적이었다". 레이건 시대에 들면서 그 효율성이 더 크게 떨어졌다. 특히 아이들이 큰 고통을 받았다. 다른 산업국가들에서는 세금과 이전소득을 분배함으로써 1979년부터 1980년대까지 아동의 빈곤 문제를 절반 이상 해소한 반면, 미국에서는 1979년에 겨우 4분의 1만큼 줄였고 레이건 정책이 효과를 나타내기 시작한 1986년에야 8.5%까지 줄일 수 있었다.

요즘 자주 회자되는 '단일세제안'은 금융소득(배당금, 자본이익, 이자)을 과세 대상에서 제외하자는 제안이다. 그러나 상위 1%에게는 금융소득이 전체 소득의 거의 절반을 차지하며, 소득 수준이 낮을수록 금융소득이 차지하는 비율이 현격하게 떨어진다. 그런데도 『포춘』은 '미국 소득세제의 종말은 시작되는가'라는 주제를 다룬 특집기사에서, 우파 계열의 연구소에 일하는 한 경제학자의 말을 인용해서 "공정성을 정의할 때 모든 국민을 동등하게 대우한다는 생각보다 나은 정의는 없다"고 주장했다. [17]

기업계 지도자들이 '인간 정신과의 끝없는 전쟁'이라 칭한 것, 즉 프로파간다가 국민의 정신을 현격하게 변화시키지는 못했을지 모르지만 국민을 깊은 혼돈에 빠뜨린 것만은 틀림없다. 이런 결과만으로도 본래의 목적은 달성한 것이라 할 수 있다. 본래의 목적이 무엇이던가? 알렉산더 해밀턴(Alexander Hamilton)이 '거대한 야수(great beast)'라 표현한 국민을 공공의 장에서 몰아내는 것이다. 공공의 장은 국민이 들어올 곳이 아니다. 미국의 역사에서 지배자의 생각은 이 범위에서

---

17) *The State of Working America, 1994~1995* (Sharpe, 1994). *Fortune*, June 12, 1995.

맴돌았다. 어떤 혁신적 변화나 예외는 없었다.

그러나 다시 한번 말하지만, 변하지 않는 진실이 무엇인지 속속들이 알지 못한다면 이런 문제들로 미국 민주주의의 진실을 꿰뚫어보기란 불가능하다.

민주주의 : 국민을 억압하는 민주주의
Democracy: Containing the People

자명한 사실을 옛날 일로 치부해버린다면 난감할 수밖에 없다. 나는 그렇지 않다는 예를 앞에서 적잖이 들었다. 물론 다른 예들도 있다. 이번에는 민주주의를 예로 들어보자. 규범적 정의에 따르면 민주주의는 무엇보다 정치 지도자들이 용기를 갖고 지향해야 할 원칙이다. 그런데 이런 이론대로 민주주의가 이뤄지고 있을까? 이 대답을 구하기 위해서 정책 결정자들이 상대적으로 재량권을 가진 곳에 눈을 돌려보자. 바로 풍부한 자원과 잠재력을 지닌 '우리의 작은 지역', 즉 라틴 아메리카를 살펴보자. 이곳은 세계에서 최악의 공포에 짓눌린 곳이지만 우리는 이런 사실에 대해 아는 바가 전혀 없다. 레이건 행정부가 그곳의 억압받은 사람들에게 민주주의라는 선물을 안겨주려고 거창한 성전(聖戰)을 벌이면서 '과정의 진통'을 겪었던 1980년대는 어땠는가? 주류학계에서 이 문제를 가장 진지하게 다룬 사람은 토머스 캐로서스 (Thomas Carothers)일 것이다. 그는 라틴 아메리카에 민주주의 를 지원하기 위한 레이건 행정부의 프로그램에 관여한 덕분 에 내부자의 시각을 역사학자의 시각에 더할 수 있었다. 그의 결론에 따르면, 레이건 정부의 프로그램은 진지했지만 전반 적으로 실패작이었다. 그러나 이상한 패턴이 발견된다. 미국 의 입김이 적게 미치는 곳일수록 성장의 폭이 크다는 점이다. 예컨대 남반구 끝에서는 실질적인 발전이 있었다. 레이건 정 부는 사사건건 방해했지만 대세를 거스를 수 없는 지경에 이 르자 그런 발전의 공적을 가로채는 입장을 취했다. 한편 미국 의 입김이 가장 강했던 중앙아메리카는 성장을 거의 이뤄내 지 못했다. 캐로서스에 따르면, "이곳에서 워싱턴은 미국과 오랫동안 동맹 관계를 맺어온 전통적인 권력 집단을 불안하 게 만들지 않는 범위 내에서의 민주적 변화, 즉 상의하달식의 제한적인 민주주의를 모색할 수밖에 없었다". 요컨대 미국은 상당히 비민주적인 사회의 기본 질서를 유지하면서, 종전의 정치·경제 질서를 전복시키고 '좌편향'적 방향으로 치달을 가능성이 있는 '민중 중심의 변화'를 피하려고 애썼다. [18]

18) Carothers, *In the Name of Democracy* (California, 1991); in Abraham Lowenthal, ed., *Exporting Democracy* (Johns Hopkins, 1991).

· 사례들을 개별적으로 자세히 들여다보면 지배계급이 민주주의를 얼마나 두려워하고 증오하는지 어렵지 않게 파악할 수 있다. 가장 대표적인 예 중 하나가 니카라과다. 니카라과의 사례는 상당히 심도 있게 연구되었지만 일반 시민이 관련된 글을 찾아보기란 무척 어렵다.

니카라과에서 1984년에 선거가 있을 예정이었다. 라틴 아메리카 학자들로 이루어진 전문가 조직은 물론이고 니카라과에 적대적인 평론가들까지도 그런 결정에 찬사를 보냈고 선거 과정을 치밀하게 연구했다. 하지만 선거는 제대로 관리되지 못해 투표까지 이어지지 못했다. 마침내 1990년에 첫 선거가 있었다. 그 선거가 미국의 압력에 의해 실시되었다는 미국 정부의 공식적인 이야기에 현혹될 필요는 없다. 그 선거는 처음부터 1990년에 실시하기로 예정되어 있었다. 여하튼 선거운동이 시작되자, 백악관은 워싱턴이 지지하는 후보가 당선되지 않으면 미국의 테러와 경제 전쟁이 계속될 것이란 위협을 감추지 않았다. 미국을 비롯한 서방세계에서는 그런 위협이 '민주화 과정'에 대한 간섭으로 여겨지지 않았다! 선거 결과가 예상대로 나타나자, 전부터 산티니스타 정권에 호의적이지 않던 라틴 아메리카 언론은 니카라과의 선거 결과를 조지 부시의 승리로 해석했다. 그런데 미국의 반응은 달랐다. 특히 뉴욕 타임스는 '미국 페어플레이의 승리'를 환호하는 표제 아래, 마치 모든 미국인이 알바니아나 북한처럼

'다 함께 기쁨'에 젖은 듯한 기사를 게재했다. 냉정한 칼럼니스트 앤서니 루이스마저도 워싱턴의 '평화와 민주주의의 실험'에 극찬을 아끼지 않으며, "제퍼슨의 이상, 즉 피지배자의 동의를 등에 업은 정부의 힘이 새삼스레 증명되었다 … 이렇게 말하는 것이 낭만적으로 들릴 수도 있겠지만 우리는 낭만주의 시대에 살고 있다"고 덧붙였다.

제퍼슨의 이상이 어떻게 실현되었는지에 대해서 의심할 사람은 거의 없었다. 따라서 시사주간지 『타임』은 니카라과에서 민주주의가 시작되었다고 환영하며, 미국의 페어플레이가 어땠는지 짐작할 수 있는 글을 덧붙였다. "경제가 곤두박질치고 지루하고 파괴적인 대리전에 지친 원주민들이 무능력한 정부에 등을 돌렸다. 파괴된 다리, 멈춰선 발전소, 황폐화된 농장만이 그들에게 남겨지면서 우리는 최소한의 비용으로 워싱턴의 후보에게 승리의 구호를 제공할 수 있었다. 이제 니카라과 국민의 빈곤을 종속시키는 일만 남았다." [19]

그러나 야비한 뒷이야기들과 더불어 모든 것이 기억의 블랙홀에 빠지고 말았다. 특히 민주주의가 시작된 후, 그 상처 투성이 사회에서 일어난 일은 전혀 보도되지 않았다. 니카라과 국민의 압도적 다수에게 그 결과는 재앙이었다. 유엔식량

---

19) See *Deterring Democracy*, ch. 10, for a review.

농업기구(FAO)는 "니카라과의 다음 세대는 지금 세대보다 작아지고 약해지며 지능도 떨어질 것이다"라고 예측할 정도 였다. 이런 걱정에 앞서 살아남는 것이 급선무였다. '낭만주의 시대'가 시작된 후, 만 4세 이하 아동의 영양실조로 인한 사망률이 35%나 증가했다. 집 없이 떠돌아다니는 사람들이 길에서 푼돈을 구걸하고, 본드를 마시면서 허기를 달랬다. 인간이라 할 수 없을 정도로 남루한 사람들이 음식 부스러기를 찾아서 마나과의 쓰레기 집하장을 뒤졌다. 대기아와 약물중독이 대서양 해안을 휩쓸었다. 구호 단체들이 이런 소식을 간혹 전했을 뿐, 산디니스타의 잔혹한 제노사이드에 몸부림치던 해안 지대 사람들의 가련한 운명에 피눈물을 흘리던 사람들을 비롯해서 이런 범죄를 저지른 장본인들은 이런 사실에 관심조차 갖지 않았다. 이런 학대는 사실이었다. 그 가해자들이 선전하던 것들과 달리 알려지지 않았을 뿐이다. 국제인권 감시단의 잇따른 고발에도 언론은 냉담했다. [20]

니카라과 국민의 민주화된 사회를 향한 희망이 산산이 부서지고 말았다. 그들은 무력감과 절망에 빠졌고 빈곤에 시달렸다. 이렇게 철저하게 은폐된 사실들은 민주주의와 인권의

---

20) Oxfam UK/Ireland, *Structural Adjustment and Inequality in Latin America*, Sept. 1994. Nicaragua News Service, April 30~May 6, 1995. See *World Orders*, for further detail.

실상에 대해 우리에게 많은 것을 말해준다. 그저 부끄러울
뿐이다.

　국가안보보좌관 앤서니 레이크가 클린턴 독트린의 자랑스
런 모델로 제시한 아이티도 똑같은 과정을 밟았다. 민중의
조직들이 테러에 충분히 길들여진 후에, 아리스티드도 충분
히 교육받은 후에 아이티로 돌아가 대통령에 당선되었다. 워
싱턴에서 그를 후원한 인사는 그 까다로운 가톨릭 신부(아리
스티드는 신부였다)를 교화시키는 과정을 '민주주의와 자본주
의에 대한 집중 훈련'이라 표현했다. 급진적 극단주의자에게
나 어울리는 표현이라 생각지 않는가? 아리스티드 대통령은
"새로운 국가는 시민사회의 에너지와 창의력을 활성화시키
는 경제 전략에 집중해야 한다. 달리 말하면 국내외 민간 기
업을 적극 지원해야 한다"고 요구하는 미국의 경제 프로그램
을 받아들여야 했다. 그런데 아이티 시민사회는 미국의 투자
자들, 그리고 쿠데타를 지지한 부자들이었다. 진정한 시민사
회를 건설해서 대통령을 직접 선출하고 공공의 장에 뛰어들
어 미국을 분노하게 만든 아이티의 농민들과 빈민가 사람들
이 아니었다. 그런 주제넘은 짓은 미국의 전폭적인 지원으로
어렵지 않게 분쇄되었다. 예컨대 부시 행정부와 클린턴 행정
부는 텍사코 정유회사를 앞세워 쿠데타 세력과 그 세력을 지
지하는 부자들에게 국제법까지 어기면서 지원을 아끼지 않
았다. 1994년 9월 미군이 아이티에 상륙하기 하루 전에 AP

통신이 그 계획을 적발했지만 세상에 알려지지는 않았다. 1990년의 선거에서 고작 14%의 지지를 얻었던 워싱턴의 후보가 내건 정책을 답습하며 아이티는 지금 뒷걸음질치고 있다. [21]

이런 사태들을 정직하게 분석하면 매번 똑같이 반복되는 사례들이 모든 면에서 의심스럽고 잘못되었다는 사실을 어렵지 않게 밝혀낼 수 있다. 그러나 어떤 경우에나 '변하지 않는 진실'은 요지부동이다. 역사의 기록을 면밀히 살펴보면 '변하지 않는 진실'이 무엇이고, 그것이 요지부동인 이유도 어렵지 않게 찾아낼 수 있다. 따라서 그 변하지 않는 진실을 심도 있게 분석한다면 미래의 모습까지 충분히 예측할 수 있다. 근본적인 제도적 구조는 바뀌지 않을 것이기 때문이다.

이런 사태들을 추적해보면 밝고 희망찬 세계로 묘사되는 '새로운 세계'가 억압에서 해방된 세계라기보다 오히려 확대된 세계라는 느낌을 지울 수 없다. 국제 관계 용어를 빌려 표현하면 '롤백(rollback)'이다. 거의 한 세기 동안, 아담 스미스가 '정책의 주요 입안자'들—그의 시대에는 영국의 '상인들과 제조업자들'이었고 요즘에는 그들의 후계자들—은 민주주의와 인권을 억압하고, 그들에게 이익이 되는 경우가

---

21) 자세한 내용에 대해서는 필자가 1994년 11월 *Z magazine*에 기고한 글을 참조할 것.

아니라면 시장의 원칙을 철저하게 무시해왔다. 스미스의 시대에 그랬던 것처럼 지금도 그들은 다른 사람들에게는 '쓰라린' 불행을 안겨주더라도 그들의 이익을 최대한 보장받기 위해서 공권력을 동원하려 애쓴다. 1970년대 초 세계 경제에 중대한 변화가 일어나면서, 지난 한 세기 전부터 민중의 피눈물 나는 투쟁으로 쟁취한 인권과 자유와 민주주의를 억압하며 과거의 상태로 되돌릴 수 있는 가능성이 열렸다. 그야말로 유혹적인 가능성이었다. 게다가 사회계약이란 걸림돌이 해결되면서, 변하지 않는 진실은 영원히 지속되면서 국내외적으로 많은 사람들에게 더 가혹한 기준이 될 듯했다.

'변하지 않는 진실'은 대단히 포괄적인 문제다. 따라서 나는 그중 일부라도 드러낼 수 있기를 바랄 뿐이다. [22] 그러나 민주주의에 대한 이야기를 좀더 충실하게 다뤄보자.

이 이야기에서도 적절한 출발점은 워싱턴이다. 일반적으로 알려진 사실에 따르면, 1994년의 총선에서 '역사적인 정치 개편'이 일어났다. 뉴트 깅리치(Newt Gingrich)와 그의 군단이 압도적 승리를 거두면서 권력을 움켜잡은 것이다. 정치계의 '오른쪽을 향한 끝없는 표류'를 반영하는 듯한 보수주의의 승리였다. 국민의 압도적 위임을 등에 업고 깅리치 군단은

---

22) 자세한 내용에 대해서는 필자의 책, *World Orders, Old and New*와 1995년 *Z magazine*에 기고한 글들을 참조할 것.

'미국과의 계약(The Contact with America)' 이란 약속을 이행하려 할 것이다. 그들이 우리에게서 정부라는 거추장스런 부담을 떼어주면, 우리는 자유시장이 득세하던 행복한 시절로 되돌아가고 '가족의 가치관' 을 회복할 수 있을 것이다. '지나친 복지국가' 라는 부담을 덜어주고, 뉴딜식 자유주의와 '그레이트 소사이어티' 로 대변되는 실패한 '큰 정부' 정책의 잔재까지 말끔히 걷어줄 것이다. 알량한 복지국가를 포기하면서 그들은 미국인을 위한 일자리를 창출하고, 중산층에게 안전과 자유를 보장해줄 수 있을 것이다. 또 그들은 자유시장과 민주주의를 전 세계에 확대시키려는 아메리칸 드림의 과업을 인계받아 성공적으로 진척시킬 것이다.

그들이 우리에게 약속한 세상은 이런 것이다. 지금까지 자주 듣던 이야기이기도 하다.

10년 전, '보수파의 압도적 승리' 를 거두면서 로널드 레이건이 재선되었다. 그 의미를 따져보자. 첫 선거가 있었던 1980년, 레이건은 가까스로 과반수를 얻어 당선되었다. 전체 유권자로 따지면 28%를 득표했을 뿐이다. 출구 조사에 따르면 투표자들은 레이건이 좋아서 그에게 투표한 것이 아니라 카터가 싫어서 레이건에게 표를 던진 것이었다. 실제로 레이건이 인수받아 민주당의 전폭적인 지원하에 시행에 옮긴 정책들, 즉 군사비의 증액과 복지 예산의 삭감 등은 카터 행정부에서 입안한 정책들이기는 했다. 어쨌든 출구 조사에 따르면 레이건에게 투표한 사람들 중 11%만이 레이건을 진정한 보수주의자라 생각하며 선택했다. 진정한 보수주의자가 무슨 뜻인지는 잘 모르겠지만….

1984년에는 득표율을 올리려는 엄청난 노력이 있었다. 다행히 효과가 있었는지 지지율이 1% 정도 올랐다. 하지만 레이건을 진정한 보수주의자로 지지한 투표자의 수는 오히려 4%로 떨어졌다. 또 대다수의 투표자가 레이건의 공약이 입법화되지 않기를 바랐다. 여론 분석에 보여주듯이, 국민들은 뉴딜식 자유주의 복지국가를 원하고 있었다.

그런데 레이건이 어떻게 재선될 수 있었을까? 민중의 관심과 바람이 정치에 그대로 반영되는 것은 아니다. 그래서 특정 집단에 편향된 투표 결과가 나오는 것이다.

특권과 권력을 움켜쥔 집단의 이익을 보장하는 것이 두 정당의 기본 방향일 때 이런 이익을 나눠 갖지 못하는 사람들은 조용히 입을 다물어버리는 경향을 띤다. 선거정치학의 전문가 윌리엄 딘 버넘(William Dean Burnham)이 지적한 바에 따르면, "노동자들이 기권하는 이유는 미국 정치 시스템의 독특한 특징과 깊은 관련을 갖는 듯하다. 달리 말하면 사회당이나 노동당이 선거 시장에서 조직화된 경쟁자로 존재하지 않는 데서 원인을 찾을 수 있을 듯하다". 15년 전에 있었던 지적이다. 노동조합, 정치 조직 등 시민사회가 실질적으로 와해되었을 때 이런 지적은 더욱 실감나게 들렸다.

 '워싱턴 포스트'의 정치평론가 토머스 에드살은 10년 전에 레이건의 재선을 언급하며, 미국에서 하위 5분의 3의 이익이 정치에 전혀 반영되지 않다고 지적했다. 따라서 투표 결과가 왜곡되는 이외에도 많은 부작용이 뒤따른다. 공화당과 민주당이 모두 해체되어야 한다고 생각하는 국민이 절반에 이른다는 사실이 그런 부작용 중 하나다. 또 80% 이상이 경제 시스템을 '근본적으로 불공정하다'고 생각하며, 정부가 국민의 이익을 외면한 채 소수 특권층의 이익을 위해 운영된다고 생각한다. 물론 국민이 생각하는 '소수 특권층의 이익'이 무엇인지 심도 있게 따져봐야겠지만 레이건 시대 이전에도 50% 이상이 비슷하게 생각하고 있었다. 역시 국민의 80% 이상이 노동자에게는 아무런 영향력이 없다고 생각한다. 그러나 노동조합을 통해 활로를 모색해야 한다고 생각하는 사람은 20%에 불과한 반면, 노동조합의 세력이 지나치게 강하다고 생각하는 사람은 40%에 달했다. 프로파간다가 국민의 정신을 바꾸지는 못했지만 혼란스럽게 만드는 데 성공했다는 증거인 셈이다.

 1994년 보수 정당이 연속으로 압승을 거둔 이유도 이런 맥락에서 설명된다. 투표율은 38%에 불과했고, 공화당은 가까스로 과반수를 넘겼다. 워싱턴 포스트의 여론조사 책임자는 "공화당은 하원의 경합 지역에서 약 52%가 공화당 후보자에게 투표했다고 주장했다. 민주당이 승리한 1992년의 선거에 비교하면 두 자리 숫자가 증가한 득표율이었다"고 정리했다. 하지만 6명 중 한 명만이 선거 결과를 '공화당 공약의 승리'로 여겼고, 투표자 중 열성적인 12%만이 '더 보수적인 의회'를 선거 쟁점으로 삼았다. 요컨대 압도적인 다수가 깅리치의 '미국과의 계약'에 귀를 기울이지는 않았다. 하여간 공화당의 정강을 요약한 '미국과의 약속'은 그후 가차없이 시행되면서 국민의 열성적인 지지를 얻고 있다고 선전하지만, 상대 당(黨)은 그 존재조차 알지 못하고 오직 한 당만이 외롭게 노래 부르는 역사상 유일한 계약이란 사실에 대해서는 언급조차 없는 실정이다.

'미국과의 계약'의 내용에 대한 질문에서는 대다수가 거의 모든 항목을 반대했다. 특히 사회적 지출의 대폭 삭감에 대한 반대가 많았다. 국민의 60% 이상이 사회적 지출이 증가되길 바랐다. 또 깅리치 개인에 대한 평판도 좋지 않았다. 개인적으로 인기가 없는 클린턴보다 나빴다. 공화당의 공약이 시행된 이후로 깅리치의 인기는 줄곧 떨어졌다.

물론 민주당을 반대하는 사람들도 많다. 선거 결과가 그렇게 말해주지 않는가! 하지만 공화당의 경우와는 미묘한 차이가 있다. 클린턴의 '신(新)민주당', 즉 온건한 공화당은 참패를 면치 못했지만 전통적으로 민주당의 정강을 지지해오면서 옛날의 민주당을 되살리려 애쓰던 사람들에게도 외면당한 것은 아니었다. 어찌 보면 당시처럼 대다수 국민이 공민

권을 박탈당한 사람이라 생각하고 있어 잠재적 민주당원이
지 않은가.

　예전보다 선거가 부유한 특권계급에 편향된 결과로 나타났
다. 연간 3만 달러(평균) 이하의 소득자는 민주당을 압도적으
로 지지한 반면에 3만~5만 달러 소득자들을 두고 민주당은
공화당과 치열한 경쟁을 벌였다. 주된 쟁점에서 기권자들의
여론은 민주당 후보에게 지지한 투표자들과 비슷했다. 생활
수준이 떨어졌다고 느낀 사람들 중 거의 절반이 공화당 후보
에게 표를 던졌다. 아니, 정확히 말하면 요구가 많은 민주당
에 반대했다. 그 대부분이 경제적으로 불안한 백인 남성이었
다. 공정한 경제 성장과 정치적 민주주의를 약속하는 좌파 연
대의 일원이 되었을 사람들이 정치의 장까지 기업적 사고가
지배하면서 공화당에 표를 던진 것이었다. 그밖에도 종교적
광신, 준군사적인 조직, 그리고 부자와 특권계층을 옹호하는
깅리치 군단의 행위에 박수를 치고 환호하는 기업 경영자들
까지 걱정하는 불안한 미래 등도 선거의 변수로 작용했다.

　그러나 지난 반세기 동안 치열한 공세를 펼친 프로파간다
에도 불구하고, 대다수 국민은 사회 민주주의적인 입장을 그
런 대로 유지하고 있었다. 정부가 곤경에 처한 사람들을 지
원해야 한다는 데 압도적 다수가 동의하고, 가난한 사람들의
건강과 교육을 위해서, 환경을 보호하기 위해서 사회적 비용
을 부담하겠다고 대답했다. 앞에서 언급했듯이 미국민은 가

난한 사람을 돕고 평화를 유지하기 위한 해외 원조도 찬성했
다. 하지만 정부 정책은 완전히 다른 길을 걸었다.

핵심적인 공약, 즉 균형예산이 대표적인 예다. 기업계는 균
형예산이란 공약을 환영했다. 『비즈니스 위크』는 기업 경영
자들을 대상으로 한 여론조사에서 "미국 기업들은 이구동성
으로 '연방 예산의 균형을 맞춰라!'라고 요구했다"는 결론
을 내렸다. 기업계의 이런 요구에 정치계와 언론이 화답했
다. 적어도 표제 기사에서는 그렇게 읽힌다. 이면을 꿰뚫어
보지 못하는 사람들은 이런 복잡한 현실의 의미를 깨닫기 힘
들 것이다.

오스트레일리아에서는 그레이엄 리처드슨이 뉴욕발 기사
로 "미국인들은 현실적 조건에 관계없이 균형예산을 이뤄야
한다고 주장한다"라고 보도했다. 균형예산을 달성하기 위해
서는 사회적 지출을 삭감해야 한다는 뜻이었다. 리처드슨은
미국의 원로 정치인 돈 휴잇(Don Hewitt)과 뉴욕 최고급 호텔
중 하나인 플라자 호텔 에드워드 룸에서 조찬을 겸한 인터뷰
를 가졌다. 휴잇은 대통령, 억만장자, 연예계 스타들과 친분
이 두터운 사람이었다. 그런데도 리처드슨은 "휴잇이 시사
문제를 전문으로 다루는 TV 프로그램에 오랫동안 단골로 출
연했다는 사실은 미국 중산계급의 뜻을 가장 잘 파악하고 있
다는 뜻으로 해석된다"고 말했다. 설마? 기업 언론의 사주와
광고업자, 혹은 에드워드 룸에서 식사를 즐기는 억만장자의

뜻을 잘 헤아린 것이 아닐까? 하여튼 조금 전에 살펴보았듯
이 지난 선거에서 '공화당의 압도적 승리' 란 표현에 속아넘
어갈 뻔했던 것처럼 미국인이 진정으로 원하는 것에 대한 휴
잇의 주장도 정신 차려 읽어야 한다.

영국에서는 '파이낸셜 타임스' 의 미국 전문가, 마이클 프
로우즈(Michael Prowse)가 '이제 우리 모두 균형예산을 찬성한
다' 라는 표제 기사에서 "뉴트 깅리치를 중심으로 한 공화당
혁명가들은 다시 한번 우리에게 박수받을 일을 해냈다"고 말
했다. 사회보장기금의 대폭 삭감을 반대하는 사람들의 '냉소
적인 전략' 에 굴복하지 않고 균형예산을 과감하게 추진한 공
로가 돋보인다는 기사였다. 게다가 프로우즈는 "여론조사에
따르면 80%가 균형예산에 동의하고 있기 때문에 그 혁명가
들은 국민의 뜻을 관철시키는 것이다"라고 덧붙였다. [23]

리처드슨은 정보원의 생각을 그대로 보도했다. 한편 프로
우즈는 간혹 자유주의적 편향을 띤다고 비난받는 국립 공영
방송의 주요 뉴스를 듣고 그렇게 보도했으리라 여겼다. 실제
로 국립 공영방송의 단골 해설가인 로버트 시걸(Robert Siegel)

---

23) *Business Week*, June 5; Richardson, *The Bulletin*, Jan. 17; Prowse,
   Financial Times, June 19, 1995. 프로우즈의 기사들은 이 신문의 전반
   적인 기조에서 자주 벗어났다. 일반적으로 경제 관련 언론들은 대부분
   보도 방향에서 이데올로기에 얽매이지 않는 경향을 보인다.

이 "미국인들이 투표에서 균형예산에 손을 들어줬다"고 보도하며 국민의 뜻에 부응해 교육비와 복지비가 삭감될 것이라 덧붙였기 때문이다. 하지만 에드워드 룸이나 파이낸셜 타임스의 표제 기사 너머를 유심히 뜯어보면 그림이 완전히 달라진다. 어느 날 갑자기 기적적으로 국민 대다수의 빚이 없어져서 가계 예산의 균형을 맞추고 싶듯이 정부의 균형예산을 바라는 것은 사실이다. 그러나 시걸이 인용한 바로 그 여론조사에 따르면 '균형예산을 이유로 교육, 건강보험, 환경 등에 대한 사회적 지출의 삭감이 뒤따르더라도 균형예산을 맞춰야 한다고 생각하는가?' 라는 질문에 '그렇다' 고 대답한 사람은 크게 줄어 20~30%에 불과했다. 따라서 미국인들이 공화당의 공약을 싫어한다는 증거, 그것도 압도적으로 싫어한다는 증거를 보여주는 자료를 제시한 '미국인들은 공화당의 공약에 찬성하지만 그 목표를 성취하는 방향에서 의견이 갈린다' 라는 작은 기사에서 진실을 읽어낼 수 있어야 한다. 실제로 다른 여론조사들도 비슷한 결과를 보였다. 요컨대 균형예산은 좋지만 사회적 지출의 삭감은 반대한다는 목소리였다. 공화당이 교육부와 에너지부를 없애려 했을 때 80%의 국민이 교육부의 존속을 원했고, 63%가 에너지부의 존속을 원했다. 또 월스트리트 저널은 "72%가 어떤 형태로든 교육비의 감축을 반대하며, 확실한 과반수가 노년층에 대한 사회보장제도와 건강 프로그램, 그리고 가난한 사람을 위한 건강 프로그램의 대폭적인 삭감을 반대하고 있다"고 보도했다. 그러나 공화당은 사회보장제도만 잠정적으로 남겨두고 모든 부분에서 사회적 지출을 큰 폭으로 삭감하겠다고 나섰다. [24]

　반응은 싸늘했다. 기업계만이 환영했을 뿐이다. 우리는 바로 이런 현실을 알아야 한다! 교조적인 체제에서 저항 세력이 방해받지 않는다면 바람은 실현되는 법이다! 시간이 필요하긴 하지만 말이다.

　다른 부문들에서도 똑같은 차이가 발견된다. 여론조사의 결과에 따르면 미국민은 펜타곤 예산의 증액을 줄곧 반대해왔다. 하지만 기업계의 목소리는 정반대였다. 기업은 펜타곤이 부자들을 위한 복지국가의 건설에 반드시 필요한 존재라는 것을 잘 알기 때문이다. 따라서 공화당의 '압승'이 있은 후 클린턴 정부의 첫 반응은 펜타곤 예산을 상당히 증액시키겠다는 발표였다. 그러자 공화당은 곧바로 더 많은 증액으로 응수했다. 실질 가치에서 펜타곤 예산은 냉전시대 평균액의 85%를 육박한다. 닉슨 시대에 비하면 연간 300억 달러나 많다. 물론 냉전시대의 적이 지금은 맹우가 되었다. 군비 생산

---

24) Maureen Dowd, *New York Times*, Dec. 15, 1994. *New York Times*, June 5; David Wessel and Rick Wartzman, *Wall Street Journal*, June 8, 1995. National Public Radio news review 'All Things Considered', May 12, 1995.

에서도 마찬가지다. 『제인스 디펜스 위클리(Jane's Defence Weekly)』의 보도에 따르면, 적의 첨단 연구 프로그램 덕분에 미국은 펄스 전력과 극초단파 무기에서 세계적인 우위를 되찾을 수 있었다. 민주주의를 억압해서 과거로 되돌리려는 기업계에서, '거대한 사탄'(the Great Satan, 미국을 지칭함)이 시장 민주주의에 가하는 위협을 무엇보다 중요하게 생각한다는 사실은 펜타곤의 예산에서 충분히 읽힌다.

1995년 4월, 극우 성향의 해리티지 재단이 자체적으로 편성한 연방예산안을 제출했고 의회는 그 예산안을 기본적으로 받아들였다. 해리티지 재단은 납세자 6분의 1의 의견을 존중해서 펜타곤 예산의 증액을 요구한 반면, 국민 3분의 2가 찬성하는 교육, 약물중독 치료, 환경 등 사회적 지출에 대해서는 대폭 삭감할 것을 요구했다. 해리티지 재단의 한 정책분석가는 "철학의 문제다. 납세자가 동의하지 않는 일에 반드시 지원할 필요는 없지 않겠는가!"라고 설명했다. 물론 일부 납세자는 그런 생각을 가질 수도 있다. 또 엄밀히 말해 여기에서 진짜 문제는 '좌파 성향 단체에 자금 지원을 중단하라'는 해리티지 재단의 요구였다. 가톨릭 자선단체, 전미은퇴자협회(AARP) 등 간혹 연방정부에서 쥐꼬리만한 보조금을 받아 곤경에 처한 사람들을 돕는 단체들까지 '좌파'로 분류하고 있으니 말이다. [25]

펜타곤 예산의 증액은 국민만이 아니라 합동참모본부까지

반대하고 나섰다. 특히 합참본부는 펜타곤 예산의 증액이 장래에 군부에 큰 문제를 야기할 것이란 경고를 서슴지 않았다. 하지만 국민의 반대나 합참본부의 경고는 중요하지 않았다. 기업계가 원하고 있었다! 정부의 반동보수주의자들은 누구의 말을 들어야 하는지 잘 알고 있었다.

'정책의 주요 입안가들'이 이처럼 여론을 무시하는 현상은 특별히 새삼스런 일이 아니었다. 따라서 놀랄 것도 없었다. 민주주의를 찬양하는 사람들이 민주주의를 어떻게 이해하고 있는지 극명하게 보여주는 증거일 뿐이다. 그러나 너무나 일정한 패턴을 보여주고 있어 간혹 이례적인 논평이 눈에 띄기도 한다. 크리스천 사이언스 모니터의 명망 있는 정치평론가 브래드 니커보커가 "입법의원들이 국민의 바람을 제대로 읽는 것처럼 보이지만 … 결국에는 반대 방향으로 나아가는 듯하다"라고 지적했다. 그는 에너지 정책과 환경 정책을 나무랄 듯하더니 결론에 이르러서는 글쓰기의 원칙까지 무시하면서 입장을 뒤집었다. [26]

민주주의를 진정으로 걱정하는 사람이라면 200년 전으로

---

25) Richard Morin, *Washington Post Weekly*, Jan. 9, 1994. Lawrence Korb, *New York Times Magazine*, Feb. 26, 1994; *op. cit. Jane's Defence Weekly*, Jan. 28, 1995. *Los Angeles Times*, April 18; Christopher Georges, *Wall Street Journal*, May 17, 1995.

26) *Christian Science Monitor*, July 11, 1995.

돌아가, 현대 민주주의의 초석을 놓은 기본 원칙을 면밀하게 살피는 것이 더 낫다. 실제로 이때의 민주주의가 많은 점에서 여전히 본보기로 여겨지기 때문이다. 1787년 연방헌법 제정을 위한 토론에서, 제임스 매디슨(James Madison)은 "영국에서는 지금도 선거권이 모든 계층의 국민에게 주어진다면 지주들의 재산권이 불안해질 것이다. 토지개혁법이 제정될 테니까"라고 지적하며 "이런 불상사를 예방하기 위해 우리 정부는 개혁에서 이 나라의 이익을 영구히 지키고, 소수의 부자들을 다수의 횡포에서 보호하기 위한 견제와 균형이 필요하다"고 덧붙였다.

따라서 매디슨의 설계에 따라 헌법의 골격이 갖춰졌다. 매디슨이 언급한 '영구적 이익'은 권력자들에게 '미국의 존재 목표'로 여겨진다. 따라서 그 권력자들이 관리하는 '너그러운 사회'는 동일한 원칙을 해외에서도 '가능하면 쌍방의 타협으로, 반드시 필요한 경우에는 일방적으로' 유지하려 애써왔다. 앤서니 레이크가 평화적 원칙의 철저한 준수를 자화자찬했을 때, 유엔 대사가 1994년 10월 안전보장이사회를 교육시키려 했던 때를 생각해보면 된다. [27]

---

27) Jonathan Elliot, ed., *The Debates in the Several State Conventions on the Adoption of the Federal Constitution*, 1787, Yates's Minutes, vol. 1, second edn (Lippincott 1836), 450. Jules Kagian, *Middle East International*, Oct. 21, 1994.

　매디슨의 가르침에 따르면 정부는 두 가지 중요한 목적을 갖는다. 인권 보호와 재산권 보호다. 그런데 재산권이 우선시되어야 한다. 재산권은 '다수의 의지'에 의해 끊임없이 위협받고, 다수가 민주주의에서 힘을 가져 소수의 권리를 침해할 수 있기 때문이다. 그런데 매디슨의 이런 애매한 표현은 '다수의 전횡이 개인의 권리를 짓밟을 수 있다'는 일반적 우려를 표현한 것으로 잘못 해석되는 경우가 비일비재하다. 말하자면 언론의 자유와 양심의 자유를 억압할 수 있다는 뜻으로 해석되는 것이다. 그러나 이런 해석은 매디슨의 의도를 잘못 이해한 것이다. 매디슨이 분명히 밝히고 있듯이 그는 '재산권에 대한 위협'만을 우려했다. 게다가 정부가 최우선적 의무로 보호해야 하는 부자의 권리는 '인권'이 아니었다. 인권은 헌법으로 모든 국민에게 균일하게 보장된 것인 반면에, 재산권은 소수의 부자에게만 허락된 것이었다. 다수에게는 재산권이 허용되지 않았다. 따라서 다수가 재산권을 침해하지 못하도록 막아야만 했다.

　매디슨의 발언은 그후 많은 논쟁거리가 되었던 만큼 다른 식으로도 오독(誤讀)되고 있다. 예컨대 이런 식으로 해석해보자. 인권과 재산권을 비교하는 것은 무의미한 짓이다. 내 손에 쥔 펜은 내 재산이지만, 펜은 어떤 권리도 갖지 않는다. 다만 내가 그 펜을 소유할 권리를 갖고 있을 뿐이다. 그렇다면 재산권은 사람의 권리, 즉 인권일까? 그렇다고 말할 수 있다. 그런데 일부 사람, 언제나 소수의 권리다. 그렇다면 매디슨의 주장은 인권에 관련된 것이고, 이론적으로 모든 사람들이 공유하는 권리 이외에 추가적 권리를 소수의 부자에게 부여한 것이 된다. 실제로 매디슨은 이런 추가적 권리를 더 중요하게 여기면서, 모든 사람들이 공유하는 권리보다 이 추가적 권리가 우선시되어야 한다고 주장했다. 이처럼 매디슨의 주장은 처음부터 분명하지 않았지만 그후 논쟁거리가 되면서 더 모호해졌다.

극소수 부자의 권리를 특별히 보장하기 위해서, 매디슨은 부자가 정권을 잡아야 한다고 주장했다. 재산을 가진 사람들이 정부의 부담을 주로 감당하기 때문에 그래야 공정한 게임이었다. 게다가 "어떤 의미에서 국가는 땅을 소유한 사람들의 것이라 말할 수 있다"고 매디슨은 덧붙였다. 한 사회가 농업사회에서 공업과 금융에 기반을 둔 사회로 변해갈 때 흔히 나타나는 사고방식이었다. 매디슨의 정치철학과 그 유산을 가장 심도 있게 다룬 저서로 평가받는 책에서 제니퍼 네델스키(Jennifer Nedelsky)가 지적했듯이, 매디슨은 재산권 보호를 최우선시하면서 미래의 다수인 국민을 억압해야 할 문젯거리로 생각했다. 네델스키의 지적에 따르면, 거의 모든 제헌의원이 이런 생각을 당연하게 받아들였다. 유일하게 제임스 윌슨(James Wilson)만이 "재산권 보호가 정부의 주된 목적일 수 없다"면서, 그의 동료들이 재산권에 대한 주된 위협이라

생각한 것, 즉 "국민의 정치적 자유를 최우선시해야 한다"고
주장했다.

　토머스 제퍼슨은 윌슨과 견해가 같지만 헌법 제정을 위한
토의에서 주도적 역할을 하지 않았다. 헌법이 제정되고 몇
년이 지난 후, 매디슨은 소수의 부자들이 권력을 남용하는
것에 충격을 받았다. 그가 순진했던 것이다. 그의 기대와 달
리, 그들은 계몽된 문명인답게 행동하지 않았다. 매디슨은
'시대의 무모한 타락'을 한탄했다. 부자들이 정권을 잡을 때
아담 스미스가 우려하던 현상과 크게 다르지 않았다. "주식
투기꾼들이 정부의 집정관이 되었다. 정부의 앞잡이인 동시
에 정부를 지배하는 폭군이 되었다. 정부의 힘을 빌려 부를
축적했고, 아우성치고 서로 결탁해서 정부를 윽박질렀다." [28]

　미국사의 주된 줄기는 매디슨의 초안을 시행하는 것이었
다. 그동안 많은 사회적 변화를 겪었지만 매디슨의 초안은
기본적으로 유지되었다. 네델스키는 매디슨의 유산이 그동
안 많이 희석되기는 했지만 미국에서 '민주주의 전통의 허약
성'과 정경유착을 벗어나지 못하는 이유를 설명하는 근거가
된다고 지적했다. 좀더 정확히 말하면 정경유착의 문제를 아
주 특별한 방식으로, 즉 나라를 소유한 사람들의 권리를 신

---

28) Nedelsky, *Private Property and the Limits of American Constitutionalism* (Chicago University Press, 1990).

성시하는 방식으로 해결할 수밖에 없었던 이유를 매디슨의 유산에서 찾을 수 있다. 나라를 소유한 사람들의 권리가 실질적으로 민주주의의 개념을 정의하기에 이르렀다. 따라서 민주주의의 완성을 위해서 라디오와 TV는 민중의 소유가 될 수 없었다. 당연히 소수의 대기업에게 넘겨졌다. 전제군주와도 같은 민간 기업이 자유를 공평하게 나눠주는 세상이 되었다. 이런 세상을 이상하게 생각하는 사람은 없다. 따라서 유명한 언론인 데이비드 시플러(David Shipler)가 뉴욕 타임스에 "모든 학생이 알고 있듯이 자유로운 언론, 즉 정부에서 자유로운 언론이 민주주의에서 가장 중요하다"라는 글을 기고했을 때 그 글에 담긴 문제를 간파한 사람은 거의 없었다. 달리 말하면 머독이나 베를루스코니에게서 자유로운 언론은 민주주의에서 그다지 중요하지 않다는 뜻이 감춰져 있었다.

매디슨의 집정권들이 지배력을 강화하자, 20세기 미국을 대표하는 철학자 존 듀이의 표현을 빌리면 정치는 '대기업이 사회에 던지는 그림자'로 변해갔다. 네델스키의 지적대로, 산업화된 미국은 재산권을 보호하는 데 그치지 않고 '소유의 불평등'까지 보호했다. 그야말로 삶의 모든 면에서 대다수 국민의 권리를 하위개념으로 전락시키고 말았다. 이런 사고 방식에 유일하게 도전한 힘은 노동조합과 민중운동이었다. 노동조합은 한때 찬란한 승리를 거뒀지만, 다른 산업 민주국가들과는 달리 그 힘이 크게 약화되었다. 이제는 과거에 거

둔 열매까지 상실해가고 있다. [29]

캐로서스가 민주주의를 강화시키려던 미국의 노력이 실패한 원인으로 지적했듯이 상의하달식의 권력 구조에서는 그런 결과가 나올 수밖에 없었다. 또 상의하달식의 권력 구조는 미국 지배하의 땅에서 민주주의의 정착을 방해하려던 계획을 성공으로 이끈 원인이기도 하지만, 미국 사회의 성격을 집약적으로 보여주는 특징이기도 하다. 따라서 진실을 감추고 있는 화려한 수사(修辭)의 베일을 걷어낸다면 역사와 정책에서 진실을 밝혀내기란 그다지 어려운 일이 아니다.

자유시장 보수주의
Free Market Conservatism

똑같은 과정을 통해서 우리는 '자유시장 보수주의(free market conservatism)'란 개념도 정확히 이해할 수 있다. '정부

---

29) Shipler는 *New York Times*, Weekly Book Review에서 명맥만 남은 공영 라디오 시스템이 그나마 정부의 뜻을 따르지 않고 '미국의 거룩한 정책'에 가끔 이론(異論)을 제기하고 있다고 결론지었다. 라디오를 민주주의라는 이름으로 기업에게 넘긴 사례에 대해서는 Robert McChesney, *Telecommunications, Mass Media&Democracy* (Oxford, 1993)를 참조할 것.

를 우리 등에서 내려놓고' 시장이 어떤 방해도 받지 않고 지배할 수 있도록 하자고 떠들어대는 사람들의 주장을 면밀히 분석해보면 이 개념의 실제 의미가 드러난다. 뉴트 깅리치 하원의장이 자유시장 보수주의를 주장하는 대표적인 인물이다. 그는 조지아 주 콥 카운티 출신이다. 뉴욕 타임스는 이 지역을 예로 들어, 보수주의의 풍요로운 물결을 설명하고 '알량한 복지국가'를 신랄하게 비판한 적이 있다. '쇼핑몰 숲에서 꽃피우는 보수주의' 라는 표제 기사는 애틀랜타의 대표적인 부유한 교외 지역 콥 카운티가 더러운 도심에서 떨어져 있으며, 그곳 주민들은 기업적 가치관과 자유시장이 이뤄낸 풍요로운 결실을 즐길 수 있다고 보도했다. 한편 보수주의의 기수로 하원에서 자유시장의 가치관을 앞장서서 선전하는 뉴트 깅리치는 자신의 지역구인 콥 카운티를 '광섬유 컴퓨터와 제트기로 가득한 노먼 록웰(Norman Rockwell, 1894~1978, 미국인들이 가장 좋아하던 일러스트레이터)의 세계' 라고 자랑했다. 30)

그러나 감춰진 것이 있다. 콥 카운티는 미국에서 가장 많은 연방 보조금을 받는 곳이다! 콥 카운티보다 많이 받는 곳이 있다고? 그렇다, 버지니아의 알링턴과 플로리다의 케네디우

---

30) Peter Applebome, *New York Times*, Aug. 1, 1994.

주센터가 있기는 하다. 하지만 알링턴은 실질적으로 연방정부의 재산이고, 케네디우주센터는 공공 보조금으로 운영되는 곳이다. 이렇게 연방의 그늘을 벗어나면 콥 카운티는 납세자에게서 기금을 갈취하는 대표적인 곳이다. 달리 말하면 제트기와 광섬유 컴퓨터로 가득한 노먼 록웰의 세계를 완성하는 데 필요한 자금을 납세자들이 떠안은 셈이다. 대부분 고임금을 받는 콥 카운티의 일자리가 공공 기금으로 만들어졌다는 뜻이다. 애틀랜타 지역의 풍요는 대체로 이런 식으로 이뤄진 것이다. 그러면서도 시장의 기억에 대한 찬사는 '보수주의가 꽃피우는 곳에서' 하늘을 찌른다.

흥미로운 이야깃거리도 있다. 의원 선거가 있는 동안 깅리치의 지나친 복지에 대한 프로파간다가 지붕 꼭대기까지 메아리치고 공화당과 다를 바 없는 민주당 후보가 발 벗고 뛰어다닐 때, '깅리치야말로 콥 카운티를 (부자들을 위한) 복지국가로 만들려는 후보'라는 데 말꼬리를 다는 사람은 아무도 없었다. 침묵의 이유를 이해하기란 조금도 어렵지 않다. 계급의 이익이 선거의 이해관계를 압도했기 때문이다. 강력한 힘을 지닌 간섭자가 나서서 부자들을 가혹한 시장에서 지켜줘야 한다는 데 모두 암묵적으로 동의했다는 증거이기도 하다.

깅리치의 '미국과의 계약'은 양날의 칼을 가진 '자유시장' 이데올로기를 전형적으로 보여주는 예다. 즉, 부자들은 공공 보조금을 받고 정부의 보호를 받지만 가난한 사람들에게 가혹한 시장 논리를 적용하는 이중의 잣대였다. 따라서 '미국과의 계약'은 가난하고 힘없는 사람들, 쉽게 말해서 노약자에게 필요한 사회적 지출을 전면적으로 삭감하고, 부자들에게는 고전적인 방식으로 혜택을 돌려주자고 주장했다. 이른바 역진세와 정부 보조금의 확대였다. 따라서 기업과 부자를 위한 면세 폭의 확대, 자본 이익 등에 대한 면세 등을 주장했다. 또 공장 건설과 설비 투자를 위한 보조금을 확대하고, 감각상각에 보다 유리한 법을 적용하며, 일반인과 미래 세대만을 보호하는 규제 장치를 철폐하자는 주장이 뒤따랐다. 얼핏 들으면 그럴듯한 주장이었다. 따라서 기업 인센티브, 역진적 성격을 띤 세금 감면 등 부자들을 위한 복지국가 건설을 위한 제안들이 '일자리 창출과 임금 향상을 위한 법'이란 이름으로 제안되었다. 물론 '단기적으로'라는 조건이 붙기는 했지만 '일자리를 창출하고 노동자의 임금을 향상시키기 위한 대책'을 강구한 조항이 있기는 했다. 그러나 이런 조항은 중요하지 않았다. 일반적 상식에 따르면 '일자리'는 '이익'을 뜻하기 때문이다. 따라서 일자리 창출이란 제안은 실질적으로 임금을 '아래로 향상시키겠다'는 제안이었다.

미국과의 계약은 국방(國防)의 강화까지 요구했다. 그래야 세계에서 미국에 대한 신뢰성을 유지할 수 있고, 라틴 아메리카의 신부들과 농민운동가들처럼 잘못된 생각을 가진 사람들의 오해를 풀어줄 수 있다는 논리였다. 하지만 '국방'이란 단어는 농담거리조차 될 수 없었다. 약간의 자존심이라도 가진 사람이라면 코웃음을 칠 수밖에 없는 단어였다. 이제 미국을 위협할 세력은 어디에도 없다. 그런데도 미국은 세계 모든 나라의 국방비를 합한 액수에 버금가는 비용을 '국방'에 쏟고 있다. 하지만 국방비는 간단히 생각할 것이 아니다. 이 나라에서 중요한 역할을 맡고 있는 사람들에게 '영구적 이익'을 안정되게 보장해주는 수단인 동시에, 깅리치와 그의 부자 유권자들이 알량한 복지국가에게 호통을 치면서 공공기금으로 그들의 주머니를 채울 수 있는 금고 역할까지 하기 때문이다.

이쯤에서 다시 역사를 돌이켜보자. 앞에서 언급했듯이, 정치·경제 시스템의 실제 주역들은 자유시장 자본주의에 대한 환상을 버린 지 오래였다. 자유시장 신봉자들만이 그 환상에 젖어 있었다. 게다가 대공황을 맞으면서, 그리고 정부주도의 전시 경제로 엄청난 생산과 이익을 창출하면서 대공황을 멋지게 극복하면서 눈꼽만큼 남아 있던 환상까지도 사라졌다. '역사상 가장 복잡한 경제계획 중 하나를 실행하기 위해서' 구름처럼 워싱턴에 모여든 기업 경영자들도 큰 교훈을 배웠다. 저명한 역사학자 앨프레드 챈들러(Alfred Chandler)가 지적했듯이, "경제를 안정시키는 데 필요한 정부의 역할에 대한 이데올로기적 두려움을 떨쳐낸 계기"이기도 했다.

게다가 정부 주도의 대책이 유지되지 않는다면 대공황의 상태로 되돌아갈지도 모른다는 두려움도 있었다. 선진공업국도 정부의 보조가 없는 순수한 경쟁 사회, 즉 완전한 자유 기업 경제에서는 만족스레 존재할 수 없으며, 정부만이 유일한 구원자라는 사실을 기업계가 깨달았다(『포춘』, 『비즈니스 위크』). 공공 기금으로 설립되어 전시에 폭리를 취한 대표적인 산업으로 항공산업이 자주 거론되지만 이런 이야기는 다른 산업 부문들까지 일반화될 수 있다. 널리 알려진 이유로 펜타곤 시스템이 채택되었다. 그후 펜타곤 시스템은 항공산업과 그 관련 산업들, 즉 철강과 금속, 전자공학, 화학, 기계 장비, 자동화와 토봇산업 능 산업 경제의 핵심적인 부문들을 유지하고 발전시키는 구원군으로 활약했다.

냉전을 핑계 삼아 이런 지원은 꾸준히 지속되었다. 때로는 의도적인 거짓말도 일삼았다. 1948년 1월, 첫 공군성 장관 스튜어트 사이밍턴(Stuart Symington)은 "정부 보조금이 아니라 안보를 위한 투자였다"며 이 문제를 노골적으로 거론하기도 했다. 그후 워싱턴에서 산업체 로비스트로 활동할 때 사이밍턴은 국방 예산을 항공산업의 요구에 맞춰야 한다는 주장을 서슴지 않았다. 이런 이야기는 경제의 거의 모든 분야에서 지금까지 계속되고 있다. 콥 카운티가 대표적인 예라 생각하면 된다. 다른 곳과 마찬가지로 콥 카운티의 '민간 분야'는 복지 기금, 달리 말하면 '안보'를 핑계로 한 정부 보조금에 크게 의존하고 있다. 레이건 시대에 민간 기업들은 펜타곤에서 개발한 첨단 테크놀로지를 상업용으로 전환시키면서 큰 혜택을 입었다. 군사용으로 개발된 테크놀로지가 현대 산업 발전과 경제 성장에서 미치는 영향은 기업계에서 상식이 되었다. 물론 군사용 개발비를 민간 투자에 돌리면 경제에 더 낫다고 주장하는 반(反)군국주의적 문헌들 때문에 혼란스럽기는 하지만, 군사용 테크놀로지가 경제에 미친 영향은 좌파에서도 인정하는 사실이다. 반군국주의적 문헌의 주장이 옳은 것이지만 경제계 지도자들은 군사적 대안을 택했다. 50년 전, 그들은 경제의 건강보다 안보의 힘을 키우는 것이 우선이라고 생각했기 때문에 군사적 대안을 택한 것이라 변명했다. 근래 들어 이런 문제들이 주류 학계에서 본격적으로 연구되고 있다. 바람직한 현상이 아닐 수 없지만 그 연구들의 결론이 좌우 양파의 분석, 특히 경제 관련 언론과 좌파 평론가들이 오래 전부터 주장해오던 내용과 상반된다는 점에서 진실에 대한 몰이해가 계속된다는 아쉬움이 있다. 달리 말하면 그 연구들은 부자들을 가혹한 시장 논리에서 보호하고 국민을 속여서라도 부자들을 보조한다는 양해하에서 '기간 군수산업'은 적절하게 유지되어야 한다고 결론짓고 있다. [31]

소수의 부자를 위협하는 '거대한 야수'에게 이익을 줄 수 있는 부분은 미련 없이 삭감하면서 군사비 지출은 확대하는 이유가 바로 여기에 있다.

일반적인 원칙은 간단하고 명쾌하다. 즉, 자유시장은 제3세계와 그들의 상대국에게 모두 유리한 것이다! 올바른 어머니는 의존적인 자식을 준엄하게 다스려서 자립심을 키워주지 않는가! 미안하지만 의존적인 경영자와 투자자는 예외다. 그들을 위한 복지국가를 만들어야 하기 때문이다.

거듭 말하지만 부지런히 자료를 찾아서 개별 사안들을 면밀하게 분석해보면 실제로 어떤 일이 벌어지고 있는지 알 수 있다. 국민의 뜻을 철저하게 배신하면서 클린턴이 펜타곤 예산을 증액시켰지만 깅리치 하원의장은 그것에도 만족하지 못했다. 록히드 마틴을 비롯해 몇몇 첨단기업을 대리해서 깅리치는 부자들에게 더 많은 공공 자금이 투자될 수 있도록 하원을 설득하고 윽박질렀다. 결국 깅리치의 주도하에, 하원은 돈에 굶주려 있던 펜타곤에 '긴급 추가예산' 32억 달러를 제공하는 법안을 통과시켰다. 국민 다수를 위한 프로그램에 할당된 예산을 전용한 것이었다! 한편 데이비드 오베이(David Obey) 민주당 하원의원이 제기한 진정한 문젯거리는 싸늘하게 외면당했다. 오베이 의원은 적게 계산해도 720억 달러가

31) M. R. Kelley and T. A. Watkins, *Technology Review*, April 1995; *Science*, April 28, 1995. Chandler, 'The Role of Business in the United States: a Historical Survey', *Daedalus*, Winter 1969.

소요되는 록히드 F−22 첨단 전투기 배치 프로그램을 5년간 유예해서 아동 건강, 주택, 직업 훈련 등에서 예상되는 50억 ~70억 달러의 부족분을 대체하자고 제안했다. 부자들을 위한 복지 프로그램을 중단하자는 것이 아니라 잠시 유예하자는 제안이었다. 그런데도 그 제안은 일언지하에 거부되었고 보도조차 되지 않았다.

지금도 '정부 보조금'이란 단어는 사용되지 않는다. '안보'를 위한 투자라고 쓰일 뿐이다. 과거에 흔히 그랬듯이 현재의 '국방 계획'은 안보의 위협을 전제로 입안된다. 러시아가 지금은 동맹이지만 언제라도 미국의 '패권주의'를 위협할 수 있는 잠재 세력이다. 미국의 패권주의는 이제 전 세계에서 인정하는 불문율이다. 그러나 공군 과학기술원의 리처드 폴(Richard Paul) 장군이 『제인스 디펜스 위클리』와 가진 인터뷰에서 밝혔듯이, '제3세계의 무기 확산'이 지금은 미국의 주된 위협이다. 게다가 '제3세계의 갈등에서 첨단 무기가 사용될 가능성이 없지 않기 때문에 우리는 국방비를 적어도 현 수준에서 유지하면서 '기간 군수산업'을 강화해야 한다는 것이다. 부시 행정부가 베를린 장벽의 붕괴를 보조금 확대의 핑곗거리로 유효 적절하게 활용하며 의회를 설득했던 것과 같은 논리다. 그러나 미국의 '안보 시스템'을 주시해온 사람이라면 러시아와 제3세계의 위협 가능성이 지나치게 과장되고 있다는 사실을 쉽게 알 수 있을 것이다.

펜타곤의 긴급 추가예산에 투입된 돈의 일부는 원래 옛 소련의 핵무기를 해체하고 보호하는 데 책정된 예산에서 전용한 것이었다. 플로리다 민주당 상원의원 피트 피터슨(Pete Peterson)은 "장래의 위협에서 우리를 지키기 위해서 국방 예산을 증액해야만 한다"라며 "제3세계에서 무기가 급속도로 확산되면서 기술적으로 한층 첨단화되고 있다"고 지적했다. 그런데 제3세계에서 수입하는 무기의 4분의 3이 미국 제품이라는 것을 알고 있는가! 게다가 무기 판매 경쟁에서 뒤지지 않기 위해서 우리는 그들에게 최첨단 무기까지 팔아야 하는 실정이다. 그들을 잠재적 위협 세력이라 생각하면서도 말이다. 그들에게 대출까지 해주면서 F-16을 판매한 돈으로 공군은 F-16을 업그레이드하고 F-22를 개발해서 그들의 잠재적 위협을 잠재우겠다는 식이다. 그런데 그 이자는 미국 납세자들이 고스란히 떠안아야 한다. 부자들을 위한 복지 프로그램이 깅리치의 고향, 콥 카운티에만 혜택을 주는 것은 아니라는 항변이 있기는 하다. 폴 장군이 "군부 밖으로 확대되어 과학 기술을 발전시킴으로써 국익에 도움이 되고, 우리의 경제 안보를 향상시키는 효과를 갖는다"고 말한 것도 이런 맥락에서 이해된다. 하기야 폴 장군의 입을 빌려 관료식으로 표현한다면, "미국 주식회사의 복지가 크게 향상될 것이고 그로 인해 우리 노동 조건도 크게 개선될 것이다".

깅리치를 앞세워 정부 보조를 받은 기업들은 이런 사기극을 완벽하게 꿰뚫고 있다. 그래서 록히드의 로비스트들은 "첨단 전투기와 항공 방어 시스템이 위험한 세계에서 팔리고 있다"고 경고한다. 그것도 그들의 '구세주' 덕분에! 그러나 경고로 그치지 않고, 그들은 "우리는 전 세계에 F-16을 팔았다. 그런데 친구나 동맹이 우리에게 등을 돌리면 어떻게 하겠는가?"라고 덧붙인다. 당연히 답까지 내놓는다. 그런 위협을 분쇄하기 위해서 우리는 잠재적인 적에게 훨씬 첨단인 무기를 팔아야 하고, 더 많은 공공 자금을 군수산업에 전용해야 한다. 그 과정에서 기업에게 인정해줘야 할 엄청난 이익에 대한 부담은 국민이 고스란히 떠안고! 얼마나 간단한가!

국민의 96%가 민주적인 국가에 무기 판매를 반대하고 있다. 하지만 우리는 무기를 대부분 그런 나라들에 팔고 있다. 따라서 펜타곤 프로그램과 그에 관련된 프로그램들은 '국민의 위임'의 실상이 무엇인지 잘 보여주는 실례다. [32]

민간 기업의 전횡을 옹호하는 사람들에게 안보국가(National Security State)는 단골 메뉴다. 안보국가를 들먹이며 그들은 공공 자금을 첨단산업, 결국 부자들의 호주머니로 쉽게 빼돌린

---

32) Eric Schmitt, *New York Times*, Feb. 23; Reuters, *BG*, March 3; Eyal Press, *Christian Science Monitor*, Feb. 23; William Hartung, *Nation*, Jan. 30, 1995. *Jane's, op. cit.* Bush Program, see *Deterring Democracy*, ch. 1.2.

다. 안보라는 한마디에 국민은 외적(外敵)을 겁내면서 움츠린다. 덕분에 정책 입안가들은 '테크노크라트적 고립(technocratic insulation)'을 즐길 수 있다. '테크노크라트적 고립'이라니? 세계은행이 즐겨 쓰는 용어라서 그 뜻을 감히 헤아리기 어렵지만 대강 해석하면 '끼리끼리 논다'는 뜻이리라. 게다가 '거대한 야수'는 어떤 식으로든 처리해야 한다. 가장 쉬운 방법은 겁을 주는 것이다. 내부의 적을 만들어서라도 겁을 줘야 한다. 두려움과 증오심을 심어주는 것이 예부터 민중을 다스리는 최고의 방법이었다. 유대인, 동성애자, 아랍 테러리스트, 복지 기금으로 공주처럼 살아가는 흑인 여자, 어둔 골목에 숨어 죄 없는 사람을 노리는 흑인 범죄자 등 누구라도 악마로 만들어야 한다.

따라서 수십 년 전부터 범죄율은 안정세를 유지하고 있지만 범죄에 대한 인식과 두려움은 크게 증가했다. 그러나 범죄학자 윌리엄 챔블리스(William Chambliss)는 범죄에 대한 프로파간다와 동시에 여론조사를 실시함으로써 그런 인식이 인위적으로 크게 부풀려졌다는 결론을 내렸다. 마약의 경우도 마찬가지였다. [33]

---

33) Chambliss, *Social Problems* 41.2, May 1994; *New Left Review*, Spring 1994. Drugs, see *Deterring Democracy*, chs 4~5.

따라서 신보수주의자들이 국내 안전 시스템을 더욱 강화시킨 것은 당연한 귀결일 수 있다. 그들은 강력한 정부를 앞세워 안전 시스템을 조직적으로 운영하기를 바랐다. 따라서 펜타곤 시스템 이외에 교도소 시스템이 강화되었다. 그 결과 교도소는 급속히 늘었지만 재소자의 헌법적 보호는 무시되었다. 정당한 이유 없이 수색을 가능하게 한 법의 제정이 대표적인 예다(국민의 69%가 이 법을 '나쁜 생각'이라 평가했다). 또 전문가들이 거듭해서 지적하고 있듯이, 새로운 범죄법안의 가혹한 대책은 '범죄와의 전쟁'과 아무런 관계가 없었다. 그러나 국민과의 전쟁에서는 대단한 효과를 가졌다. 적어도 두 가지 면에서 그렇다. 하나는 대다수 국민에게 삶의 질이 떨어지고 기회를 상실할지도 모른다는 두려움을 안겨준 것이고, 다른 하나는 잉여적인 존재들이기는 하지만 제3세계의 모델을 국내에 도입할 때 어떤 식으로든 통제해야 하는 사람들을 크게 줄일 수 있었다.

공권력의 힘을 과시한 레이건 시대에 재소자의 수가 거의 세 배나 증가했다. 이 점에서 강력한 경쟁자던 남아프리카와 러시아를 크게 따돌리는 성과를 거뒀다. 러시아가 미국의 사례를 본받으면서 금세 추월하기는 했지만…. 희대의 사기극, '마약과의 전쟁'도 골칫덩이들을 감옥에 유폐시키는 데 큰 역할을 해냈다. 새로운 범죄법안은 소송 절차를 간편화시켰고, 형량을 더 무겁게 정했다. 교도소 건설과 유지에 필요한 막대한 공공 비용은 경제의 활력소가 되었다. 케인스가 무색할 지경이었다. 월스트리트 저널은 '기업에게 돈이 흘러 들어간다'고 한마디로 요약했다. 거꾸로 읽으면 국민의 고혈을 짜는 새로운 방법이었다. 건설회사, 법률회사(로펌) 등이 수혜자였다. 사설 교도소를 운영하는 기업이 벼락 경기를 맞아서 돈을 쓸어 담았다. 골드먼 삭스, 프루덴셜 등 "금융계의 고상한 거물들이 면세 채권까지 발행하면서 교도소를 건설하는 데 보증을 서려고 경쟁을 벌였다". 빅브라더(Big Brother, 오웰의 소설 『1984년』에 나오는 독재자)라도 감탄을 금치 못했을 첨단 감시·통제 시스템이 도입되면서 경비회사들도 호황을 맞았다. [34]

이런 이유에서, 챔블리스가 '범죄 관리 산업'이라 칭한 산업이 크게 성장했다. 범죄가 국민의 안전과 생존에 실질적인 위협인 것은 사실이었지만 그 때문에 범죄 관리 산업이 발전한 것은 아니었다. 그러나 범죄의 원인을 근본적으로 해결하려는 시도는 없었다. 오히려 범죄가 국민을 통제하는 수단으로 악용되고 있을 뿐이다.

일반적으로 취약한 부문이 공격받는 것은 상식이다. 따라서 어린아이도 자연스레 공격 대상이 된다. 미국의 저명한

---

34) Paulette Thomas, *Wall Street Journal*, May 12, 1994.

경제학자 실비아 앤 휴렛(Sylvia Ann Hewlett)이 쓴 유니세프 보고서를 필두로 이 문제를 다룬 연구가 적지 않다. [35] 휴렛은 지난 15년 동안 조사를 통해 영미권 사회와 유럽·일본에 커다란 격차가 있다는 결론을 끌어냈다. 휴렛에 따르면, 영미권 모델은 아동과 가족에게 그야말로 '재앙'이었다. 반면에 유럽·일본의 모델은 아동과 가족의 상황을 크게 개선시켰다. 다른 연구서들과 마찬가지로 휴렛은 영미권 모델의 실패 원인을 '자유시장'에 편향된 이데올로기에서 찾았다. 그러나 이런 지적은 절반만이 진실이다. 영미권 사회의 지배 이데올로기에 어떤 이름을 붙이든 간에 '보수주의'를 폭력과 무법과 수구적 국가 중심주의로 매도하고, 민주주의와 인권과 시장을 무시하는 이데올로기라 폄하하면서 '보수주의'라는 좋은 이념을 왜곡하는 것은 올바른 평가가 아니다.

원인은 그렇다손 치더라도 휴렛이 '이 지역(특히 영국과 미국)에 만연된 반(反)아동 정서'라 칭한 감정의 결과는 불을 보듯 뻔했다. 무관심으로 정의되는 영미권 모델은 아동 양육을 민영화시켜 대다수 국민에게 그림의 떡으로 만들었다. 그 결과는 아동과 가족에게 재앙이었다. 반면에 정부가 대대적으로 지원한 유럽 모델에서는 사회정책으로 아동과 가족을 지

---

35) S. Hewlett, *Child Neglect in Rich Societies* (UNICEF, 1993).

원해서 바람직한 결과를 만들어낼 수 있었다.

교육위원회와 미국의사협회가 구성한 블루리본위원회 (Blue Ribbon Commission, 현안에 대하여 국가 최고의 전문가들로 구성된 위원회)가 지적한 바에 따르면, "같은 연령대에서 지금 세대의 아이들처럼 건강이 나쁘고 배려받지 못하며 삶에 대한 준비가 갖춰지지 못한 때가 없었다". 그러나 '보수주의'와 '가족의 가치관'이란 미명하에 지난 15년 동안 반아동·반가족 정서가 지배한 영미권 사회에서만 발견되는 독특한 현상일 뿐이다. 어떤 독재자라도 감탄을 금치 못할 정책의 승리였다!

실질임금의 하락도 재앙을 부추긴 부분적 원인이다. 부모 모두 초과 근무를 하지 않으면 필수품마저 구입하지 못할 지경이었다. 결국 '시장의 유연화'는 저임금과 초과 근무를 뜻했다. 그 결과는 누구나 예측할 수 있었다. 부모와 자식이 접촉하는 시간이 크게 줄어들었다. TV에 의존하는 시간이 크게 늘었다. 현관문의 열쇠를 개목걸이처럼 걸고 다니는 아이들은 어디에서나 흔히 볼 수 있었다. 술을 마시고 마약에 의존하는 아이들도 있었다. 아동 범죄, 아동 간의 폭력도 증가했다. 아이들의 건강과 교육, 민주사회에 참여하는 역량 등에도 악영향을 미쳤다. 한마디로 아이들은 생존까지 위협받는 처지에 빠졌다.

아이들에게 가장 큰 고통은 굶주림이다. 요즘 들어 노인층에서도 굶주리는 사람이 늘어가고 있다. 월스트리트 저널의 보도에 따르면 "수백만의 노인이 굶주리고 있다. 그 수가 꾸준히 증가하는 추세다". 실제로 60세 이상 국민의 16%, 즉 약 500만 명의 노인이 굶주리거나 영양실조다. 다른 선진사회에서는 상상조차 할 수 없는 현상이다![36]

이런 현상들이 갖는 의미를 올바로 이해하려면 타의추종을 불허하는 미국의 이점까지 고려해야 한다. 한 가지 예만 들어보자. 18세기 중반 미국인이 누린 건강 수준과 평균수명을 영국의 상류계급이 20세기에 이르러서야 달성할 수 있었다! 요컨대 국가 자본주의의 사회·경제적인 해악이 '거대한 야수'에게도 재앙에 가까웠는데 다른 부문에 대해서는 말할 필요조차 없을 것이다.

더 취약한 부문은 미래 세대다. 그들은 시장에서 아무런 역할도 하지 못하기 때문에, 모든 비용이 그들에게 고스란히 떠넘겨진다. 규제 장치가 사라지면 이런 일이 닥칠 것은 불을 보듯 뻔하다. 그런데도 깅리치 군단은 환경과 보건에 관련된 모든 규제에 비용편익분석을 요구하면서 규제를 전면적으로 철폐하려 했다. 규제 시스템을 운영하는 데 필요한 연방 관리 조직의 예산 지원을 거부한다면 연방 차원에서 규제는 불가능할 수밖에 없다. 게다가 관련 법들이 시정과 보

---

36) Michael McCarthy, *Wall Street Journal*, Nov. 8, 1994.

상을 요구하는 피해자들에게 까다로운 조건을 내걸고, 소비
자와 하찮은 소액 투자자들을 보호하는 장치를 철폐하며, 집
행력을 약화시키면서 기업 범죄를 보호하는 방향으로 개정
될 수도 있다. 그렇게 된다면 경제법 전문가 벤저민 스타인
(Benjamin Stein) 교수의 지적대로, 금융·보험 사기로 수백억
달러, 아니 수천억 달러를 훔치는 '비양심적인 사람들'에게
는 천재일우의 기회가 될 것이고, 그 비용은 고스란히 힘없
는 납세자들의 몫으로 돌아갈 것이다. 또 불법화된 마리화나
보다 훨씬 중독성이 강하고, 비흡연자를 포함해 훨씬 많은
인명을 앗아가는 주범인 담배 판촉을 위해서는 정부의 보호
가 절실한 까닭에, 깅리치 군단에 가장 많은 돈을 기부하는
필립 모리스와 같은 기업들에게도 여간 큰 선물이 아닐 것이
다. 37)

역사의 종말을 향하여 : 주인들의 유토피아
Towards the End of History: the Utopia of the Masters

대부분의 국민에게 삶의 조건과 노동 조건이 악화되고 있
다. 산업사회의 역사에서 처음 경험하는 현상이 아닐 수 없

---

37) Stein, *New York Times*, July 30, 1995.

다. '미국의 노동 실태'에 대한 연례 학술 연구서의 최근판
을 보면, 1982년의 깊은 불황에서 회복되는 동안 경제가 성
장했지만 상위 20%를 제외하고 대다수 가계(家計)에서 재산
이 줄어들었다. 그후 경제가 침체기에 빠져든 1988~1991년
에는 거의 모든 소득계층에서 재산이 감소했다. 클린턴이 집
권하면서 경제가 회복기에 접어들었지만 중간 임금은 그후
로도 꾸준히 줄어들었다. 이런 감소세는 1980년부터 시작된
현상이었다. 미래를 예측하는 기준이 되는 신입사원의 임금
은 고졸 남성의 경우에 30%, 고졸 여성의 경우에는 18%가
떨어졌다(미국 노동력의 4분의 3이 고졸이다). 한편 대학 졸업생의
경우에는 남성이 8%, 여성이 4% 하락했다. 시간당 임금은
10% 이상 떨어졌다. 물론 고졸의 경우에는 더 떨어졌다.
1994년 『대통령의 경제 보고서(Economic Report of the
President)』에 따르면 고등학교를 졸업한 남성의 실질임금은
1979년부터 1990년까지 무려 21%가 떨어졌고, 그후에는 더
큰 폭으로 떨어졌다. 빈곤율은 다른 산업국가들에 비해 2배
가 높았다. 아동 빈곤은 더 높아서, 모든 산업사회 평균의
3배에 이른다. 반면에 최고경영자들의 연봉은 66%나 상승했
다. 123%가 오른 영국에 이어 2위를 기록했지만 최고경영자
와 노동자의 임금 비율에서는 미국이 단연 수위를 기록했다.
부의 증가가 금융 자산에 집중된 까닭이다. 그런데 금융 자
산은 부자들만의 잔치가 아닌가! 부의 '호화로운 재분배'가

있기는 했지만 다른 선진국에 비할 때 불평등이 너무 심했다. 환금성이 있는 자기자본에서 상위 1%가 보유한 몫이 영국의 두 배였고, 미셸-번스타인 리스트에서 미국에 가장 근접한 경쟁자인 프랑스보다 50%나 높았다. 1980년까지만 해도 이런 나라들과 별 차이가 없었다. 그러나 레이건 프로그램 덕분에 시장에서 얻은 재산소득의 60%가 상위 1%에게 집중된 반면에 하위 40%는 순자산에서 절대적인 손실을 보았다. 다른 정책들도 그 격차를 심화시켰을 뿐이다. [38]

미셸과 번스타인은 임금 하락의 원인으로 최저임금의 하락과 노동조합의 해체, 저임금 서비스 직종의 급속한 확산(새롭게 창출되는 일자리의 80%가 저임금의 서비스 부문에 집중되어 있다), 경제의 세계화 등을 꼽았다. 그들의 조사에 따르면 테크놀로지가 임금과 고용 구조에 미친 영향은 거의 없었다. 더 면밀히 살펴보면 이런 변화에는 정부의 광범위한 간섭이 눈에 띈다. 산업 분야에 따라 간섭한 정도가 다르고 그 결과도 다르지만 어떤 경우에나 '소수의 부자'를 위한 간섭이었다. "테크놀로지의 변화 등 다른 요인들은 임금의 변화에 별 역할을 못했지만, 노동시장의 규제 철폐를 가장 신속하게 진행시킨

---

38) Lawrence Mishel and Jared Bernstein, *The State of Working America: 1994~1995*, (M.E. Sharpe, 1994); Edward Wolff, *Top Heavy* (Twenty Century Fund, 1995).

두 나라, 즉 미국과 영국에서만 임금 격차가 크게 벌어졌다"
는 것이 그 증거다.

전반적인 상황이 영국과 비슷하고, 유럽이나 일본과는 상
당히 다르다. 그러나 유럽과 일본도 세계화의 물결에 동참하
면서 앞으로 우리와 똑같이 가혹하고 불평등한 정책을 시행
할 것이다. 냉전이 끝나면서 기업은 '응석받이 노동자들'과
전쟁을 치르기 위해 세계화라는 신무기를 개발해냈다. 따라
서 경제 관련 언론이 경고하듯이, 노동자들도 현실을 직시하
고 나날이 변하는 세계 질서에서 '사치스런 생활 방식'을 포
기해야 할 것이다. 지난 4년 동안 기업은 순이익에서 연속적
으로 두 자릿수를 기록했다. 앞으로도 이익은 놀라운 성장을
계속할 것으로 기대된다. 하지만 실질임금과 실질 혜택은 꾸
준히 줄어들 것이라 예상된다. 상위 500대 기업의 주당 수익
률은 1991년 이후 두 배 이상 증가했고, 1996년에는 그 이상
을 기록하리라 예상된다. 비금융기업의 자본 수익률도 1980
년 이후 두 배 이상 성장했다. 빈곤율은 가볍게 능가하지만
매년 치솟는 구금률에는 미치지 못하는 수치다. [39]

민주주의와 더불어 시장까지 공격받고 있는 실정이다. 국
가의 강력한 간섭은 그렇다손 치더라도 집중된 경제력과 시

---

39) *Fortune*, May 15, May 1; *Business Week*, July 17, 1995.

장 지배력이 시장 원리를 빠져나가고 훼손한다. 이 이야기는 여기에서 하기엔 너무나 긴 이야기다. 한 가지만 언급하자면 세계 무역의 40%가 다국적기업의 내부 거래고, 50% 이상에 미국과 일본이 관계되어 있다. 이런 거래는 엄격한 의미에서 '무역'이 아니다. 이익을 추구하고 지배력을 갖기 위해 온갖 수단을 동원해서 시장을 훼손하는 '뚜렷이 보이는 손'이 중앙에서 조종하는 기업 운영에 불과하다. [40)]

실제로 다국적기업 중심의 자본주의는 준중상주의적 시스템이며, 공권력과 공공 보조금에 의존한다는 것은 새삼스레 언급할 필요도 없을 것이다. 하여간 아담 스미스가 경고했듯이 민중에 대한 주인들의 '모의(謀議)'로 가득한 시스템이다. 1992년 OECD 연구서는 "오늘날에는 시장의 보이지 않는 손보다 과점적 경쟁, 기업과 정부의 전략적 결탁이 첨단 산업에서 경쟁적 이점과 국제적 노동 분할을 결정한다"고 결론지었다. 이런 현상은 농업, 제약업, 서비스업 등 경제의 전반적인 분야에서 동일하게 확인된다. 그러나 대다수 세계인은 시장 논리에 구속되어 시장의 경이로움을 찬송하면서 이런 소리를 거의 듣지 못한다. 아니, 이런 소리를 들을 권리조차 인정되지 않는다.

---

40) For details, see *World Orders*. Japan-US figures, 1993 UN World Investment Report, cited by Vincent Cable, *Daedalus*, Spring 1995.

생산의 세계화는 민간 기업에 엄청난 무기를 안겨주었다. 또 하나의 비판적 요인은 1970년대 초 리처드 닉슨이 브레턴 우즈 시스템을 붕괴시킨 이후 규제가 풀린 금융자본의 폭발이다. 금융시장의 규체 철폐로 인한 결과는 곧바로 나타났다. 1978년, 노벨 경제학상 수상자인 제임스 토빈(James Tobin)은 자본이 실물경제(투자와 무역)에서 당시 외환 거래의 95%를 차지하던 금융 조작으로 흘러 들어가는 것을 완화시키기 위해서라도 외환거래세를 부가하자고 제안했다(참고로, 1970년에는 금융 조작에 관련된 외환 거래는 10%에 불과했다). 토빈이 초창기에 지적했듯이, 이런 요인으로 세계는 저성장·저임금 경제로 곤두박질쳤다. 또 연방준비제도이사회 의장을 지낸 폴 볼커(Paul Volcker)가 주도한 연구에서도 1970년대 초 이후 성장이 크게 둔화된 이유의 절반을 금융 규제의 완화에서 찾았다.

국제경제학자 데이비드 펠릭스(David Felix)는 "토빈세(Tobin tax)가 적용되었다면 혜택을 누렸을 생산 부문까지 금융자본과 합세하며 토빈세를 반대했다"는 흥미로운 조사 결과를 발표했다. 펠릭스의 추론에 따르면, 그 이유는 "엘리트 계급이 복지국가를 위축시키고 폐지하려는 공동의 목표로 결속되어 있기 때문이다". 언제라도 이동할 수 있는 엄청난 액수의 금융자본은 부자 나라마저도 제3세계 모델로 전락시킬 수 있는 '세제적(稅制的)으로 책임 있는 정책'을 시행하라고 각국 정부를 압박할 수 있는 강력한 무기다. 대기업이 사회에 던지는 그림자를 확대하고, 공공의 뜻에 부응하려는 정부의 의지를 위축시킴으로써 금융자본은 부자들을 위한 민주주의를 위협하는 요인까지 약화시킬 수 있다. 부자들에게는 여간 반가운 소식이 아니다. 따라서 펠릭스의 지적대로, 지배계급이 공유하는 이해관계를 위해서 생산 부문의 소유자나 경영자가 작은 이익을 포기한 것이다. [41]

펠릭스의 지적은 옳았다. 비즈니스의 역사에서, 또 정치 경제의 역사에서 우리는 부자들의 이익을 위해서 작은 이익을 포기하는 사례를 수없이 보았다. '소수의 부자'들은 미국처럼 기업이 운영하는 사회에서 유난히 계급의식이 강하다. 이와 관련된 예들은 현대 사회의 특징이기도 하다. 충분히 예상되고 확인된 비효율성에도 불구하고 기업을 위한 펜타곤 시스템의 창설과 유지, 천문학적인 이익을 해외 생산 기지의 건설로 돌려서 국내 노동자 계급을 위협하는 수단으로 사용하려는 공인된 전략, 관리력을 향상시키는 데 매진하면서 효율성과 수익률에서 손해를 보더라도 노동자들을 단순 노동자로 전락시키려는 자동화 전략, 그리고 해외 정책 등 많은

---

41) Felix, 'The Tobin Tax Proposal', Working Paper #191, June 1994, UN Development Program; *Challenge*, May/June 1995. *Wall Street Journal*, May 9, 1994.

예를 찾을 수 있다.

내가 지금까지 변죽만 울린 것은 아닌지 걱정이다. 주인들이 '가증스런' 복지국가를 과거로 되돌리고 거대한 야수를 굴 속에 몰아넣어, 매디슨에게 큰 충격을 안겨주었던 '시대의 무모한 타락'을 이뤄내려는 진짜 이유를 추적하기란 그다지 어렵지 않다. 사실 그들은 그나마 한정적이던 책임마저 내팽개치고, "정부의 집정관이 되었다. 정부의 앞잡이인 동시에 정부를 지배하는 폭군이 되었다. 정부의 힘을 빌려 부를 축적하고, 아우성을 치고 서로 결탁해서 정부를 윽박지르고 있다". 반대로, 부자고 특권을 누리면서 장밋빛 세상을 노래하는 계급에 속하지 못하는 사람들을 짓누르는 절망과 불안, 패배감과 두려움을 이해하기 힘든 것도 아니다.

이런 흐름을 저지하고 뒤집어서 계몽시대의 가치관, 자유와 인권을 조금이라도 회복하기란 결코 쉬운 일이 아니다. 기만과 왜곡의 그림자를 뚫고 들어가 세상에 대한 진실을 알아내는 것이 급선무고 첫 단계다. 그후 민중의 힘을 조직화해서 세상을 변화시키기 위해 행동해야 한다. 과거의 예에 비춰보면 결코 불가능한 일이 아니다. 그러나 결코 쉬운 일은 아니다. 우리 역사에서 이런 선택이 인간의 삶을 극적으로 변화시킨 때가 드물게 있었다.